부의 과학

The Science of getting rich

월러스 워틀스 지음 · 편집부 옮김

당신에게 잠재된 힘의 원천이 있다!

이책은 무엇보다도 돈을 절실하게 필요로 하는 사람들,
우선 부자가 되는 것이 급선무인 사람들,
과학적 결론을 받아들일 의사가 있는 사람들,
그리고 행동하기를 원하는 사람들을 위한책이다.

예감

부의 과학

The Science of getting rich

초판1쇄	2021년 11월 15일
초판3쇄	2024년 10월 25일

지은이	월러스 워틀스
펴낸이	이규종
펴낸곳	예감
등록번호	제2020-000033호(1985.10.29.)
등록된곳	경기도 고양시 덕양구 호국로 627번길 145-15
전 화	(02) 323-4060, 6401-7004
팩 스	(02) 323-6416
이 메 일	elman1985@hanmail.net
	www.elman.kr

ISBN   979-11-89083-80-9 13320

값 13,000 원

The Science of getting rich

차례

Chapter 02 · 위대해지는 비밀

서문

이 책은 철학책이 아니다. 다시 말하면 이론적인 학술서가 아닌 극히 실용적인 설명서이다.

무엇보다도 돈을 절실하게 필요로 하는 사람들, 우선 부자가 되는 것이 급선무인 사람들을 위한 책이다.

이 책은 깊이 있는 이론을 연구할 시간도, 수단도, 기회도 없는 사람들과 성과를 갈구하며 과학적 결론을 받아들일 의사가 있는 사람들을 위한 책이다. 그리고 행동하기를 원하는 사람들을 위한 책이다.

당신은 마르코니나 에디슨이 발표한 전기의 법칙을 믿는 것과 마찬가지로 나의 말을 믿어주기 바란다. 내 말을 믿고 받아들인 다음에 아무런 두려움이나 망설임 없이 행동하여 그것을 증명하기 바란다. 그러면 당신은 분명 부자가 될 것이다. 이 책에 적용된 내용은 과학이자 법칙이기 때문에 실패는 불가능하다. 그럼에도 불구하고 그 이론적인 것을 확인하거나 믿음에 대한 논리적 기반을 확보하고 싶은 사람들을 위해 나는 권위 있는 몇몇 학자들을 소개할 생각이다.

물질의 세계에서 하나의 실체가 수많은 요소로 나타난다는 일원론은 힌두교에서 유래했으며, 200여 년에 걸쳐 서구 사회에 점차 스며들어 사상으로 그 영향력을 확대해 왔다. 이는 모든 동양 철학과 데카르트, 스피노자, 라이프니츠, 쇼펜하우어, 헤겔, 에머슨 등의 사상에 영향을 미쳤다. 이 책의 철학적 근거를 알고 싶은 사람들은 직접 헤겔과 에머슨의 글을 읽어보길 바란다.

이 책을 누구나 쉽게 이해할 수 있도록 명료하고 단순하게 쓰려고 무진 애를 썼다. 이제부터 소개할 행동 계획은 논리적 추론에 따라 철저한 확인과 강도 높은 시험을 통해 입증된 것으로 예외는 없다.

내가 결론에 어떻게 도달했는지 궁금한 사람들은 위에서 언급한 인물들의 글을 읽어보라.

그리고 실제 생활에서 그들과 같이 성공적인 결실을 얻고 싶은 사람들은 이 책을 읽어라. 그리고 이 책이 말한 바대로 행동하라.

Chapter

01

부자가 되는 비밀

01

당신도 부자가 될 권리가 있다

가난을 아무리 칭송한다 해도 부자가 아니면 진정으로 완전하고 성공적인 삶을 살아가지 못한다. 충분한 돈이 없으면 재능이나 영혼의 발전을 최대화할 수 없다. 영혼의 자유와 재능의 발달을 위해서는 많은 물질의 사용이 필수적인데 돈이 없으면 물질을 소유할 수 없기 때문이다.

사람은 물질을 사용하여 육체와 마음과 영혼을 발전시킨다. 그런데 사회는 지나치게 조직화되어 있어서 무언가를 소유하려면 돈이 있어야 한다. 따라서 모든 성장의 기본 원리에는 '부자가 되

는 과학'이 있을 수밖에 없다. 모든 생명체의 목적은 발전하는 것
이다. 생명을 가진 모든 것은 도달 가능한 발전에 이르는 원천적
권리를 가지고 있다.

생명을 영위하는 인간의 권리는 정신적, 영적, 육체적 자유에
필수적인 모든 물질을 제한 없이 사용할 권리, 즉 부자가 될 권
리를 말한다.

나는 이 책에서 부를 비유적인 의미로 묘사하지 않겠다. 진정
한 의미의 부유함은 소박한 만족을 의미하지 않는다. 그 이상의
것을 사용하고 즐길 줄 아는 사람이라면 그보다 적은 것에 만족
할 필요가 없다.

생명이 진화하고 성장하는 것은 우주의 섭리이다. 모든 사람
은 각자 고귀하고 아름답고 풍요로운 삶에 필요한 모든 것을 가
질 권리가 있다.

부자란 평생 자신이 원하는 삶에 필요한 모든 것을 소유한 사
람이다. 충분한 돈이 없이는 원하는 것을 모두 얻을 수 없다. 삶
은 진보를 거듭하고 다양해졌기 때문에 평범한 사람들도 완성된
삶을 살기 위해서는 많은 돈이 필요하다. 사람은 누구나 자신의

능력 안에서 최대한 결과를 이끌어내고 싶어 하며, 내재된 가능성을 깨달으려는 그 욕망은 인간의 타고난 본성이다.

성공적인 삶이란 자신이 원하는 사람이 되는 것이다. 원하는 사람이 되기 위해서는 물질을 사용해야 된다. 그리고 그 물질을 소유할 만큼 부자가 되어야 마음대로 그것들을 사용할 수 있다. 따라서 부자가 되는 과학을 이해하는 것은 다른 어떤 지식을 배우는 것보다 중요하다.

부자가 되고자 하는 마음은 잘못된 것이 아니다. 부자가 되고자 하는 욕망은 실제로 풍요롭고 알찬 삶을 살고자 하는 욕망이다. 그러한 욕망은 칭찬받아 마땅하다. 오히려 풍요로운 삶을 마다하는 사람이 비정상적인 사람이다. 원하는 것을 모두 살 수 있을 만큼 충분한 여유를 원치 않는 사람은 자신이 가지고 있는 잠재력을 발휘하지 않는 것이다.

우리에게 삶을 사는 동기가 되는 것이 세 가지 있다. 몸과 마음과 영혼이 그것인데, 이 셋은 하나하나가 모두 똑같이 소중하다. 셋 중 어느 하나가 충분히 발휘되지 못하면 나머지 둘도 온전할 수 없다. 마음과 몸을 거부하고 영혼만을 위해 살아가는 것을 옳고 고귀하다고 할 수 없으며, 몸과 영혼을 거부하고 마음만을 추구하는 것도 옳지 않다. 마음과 영혼을 거부하고 육체만을 위해 살아갈 때 어떤 비참한 결과가 오는지 우리는 잘 알고 있다. 진정한 삶이란 몸과 마음과 영혼을 통한 많은 것을 완벽하게 실현하는 것이다. 몸이 제 기능을 다하지 못하고 마음과 영혼 또한 그러하지 못하다면 진정한 행복을 누리며 만족한 삶을 살 수 없다.

가능성이 발휘되지 못하고, 기능 실현이 되지 못하면 욕망은 충족되지 못한다. 가능성의 표현과 기능 실현이 욕망이기 때문이다. 인간은 좋은 음식, 편한 옷, 안락한 집, 과중한 노동으로부터 자유가 없으면 육체적으로 충만한 삶을 살 수 없다. 휴식과 오락 역시 육체적 삶에서 꼭 필요한 부분이다. 책을 읽거나, 공부를 하거나, 여행과 관찰의 기회를 갖거나, 지적인 동료를 갖지 못하면 정신적으로 충만한 삶을 살 수 없다. 정신적으로 충만한 삶을 살기 위해서는 지적인 오락을 즐겨야 하고 자기 주변에 이용하고 감상할 수 있는 아름다운 사물과 예술 작품이 있어야 한다.

영혼이 살찌우는 삶을 살기 위해서 사람은 사랑을 해야 한다. 그런데 사랑의 표현은 가난 때문에 자주 좌절된다. 사람이 느끼는 최고의 행복은 사랑하는 사람에게 베풀 때 발견된다. 가장 자연스럽고 무의식적인 사랑의 표현은 주는 행위이다. 아무것도 줄 것이 없는 사람은 남편, 아버지, 사회인, 혹은 인간으로서의 자리를 채울 수 없다.

인간은 삶 속에서 육체를 통해 충만한 삶을 찾고, 마음을 개발하고, 영혼을 펼쳐 보이는데, 이는 물질을 사용함으로써 이루게 된다. 따라서 부자가 되는 것은 지극히 중요한 일이다.

부자가 되고자 함은 지극히 옳은 일이다. 남녀를 불문하고 정상적인 사람이라면 부자가 되고자 하는 욕망은 당연한 것이다. 부자가 되는 방법에 관심을 쏟아야 하는 것이 지극히 정상인 이유는 이것이 어떤 공부보다도 고귀하고 절실히 필요한 것이기 때문이다.

부자가 되는 방법에 대한 공부를 게을리하는 것은 자기 자신과 신에 대한 그리고 인류에 대한 의무를 소홀히 하는 것이다. 자기 자신의 삶을 충만하게 사는 것이 신과 인류에 대한 봉사임을 잊지 말라.

02

부의 세계를 지배하는 법칙이 있다

부자가 되는 것은 과학이다. 이것은 대수학이나 산수처럼 정확하다.

부를 얻는 과정에는 그것을 지배하는 몇 가지 법칙이 있다. 그 법칙을 배우고 따르면 수학 법칙의 정확함처럼 확실히 부자가 된다.

자기 소유의 돈과 재산을 가지고 있는 것은 어떤 일을 특정한 방식으로 행동한 결과이다. 이 방식으로 행한 사람들은 의도적이든 우연이든 부자가 된다. 이 방식에 따라 행하지 않은 사람들은 아무리 열심히 일하고 많은 능력을 가지고 있어도 계속 가난하다. 같은 원인은 항상 같은 결과를 생산하는 게 자연법칙이다. 따라서 특정한 방식으로 행동하는 법을 배운 자는 남녀를 막론하고 누구나 틀림없이 부자가 된다.

부자가 되는 것은 환경의 문제가 아니다. 환경이 문제라면 일정한 지역에 사는 사람은 모두 부유해야 할 것이다. 어느 도시에 사는 사람들은 모두 부자가 되고, 다른 마을에 사는 사람들은 모두 가난에서 벗어나지 못해야 할 것이다. 한나라에 사는 국민들은 모두 부를 누리고, 그 옆에 있는 나라에 사는 국민은 가난에 찌들어야 할 것이다. 그러나 같은 환경 속에서도 빈부가 있고 그 부류가 같은 직종을 가진 경우를 종종 본다. 같은 지역에서 같은 일에 종사하는 두 사람이 있다고 할 때, 한 사람은 부자이고 다른 사람은 가난하다면 부자가 되는 것이 환경과 별 연관이 없다는 사실을 알 수 있다. 물론 어떤 환경이 다른 환경에 비교해 조건이 좋을 수는 있다. 그러나 서로 이웃해 살면서 같은 직종을 가졌으나 부자가 되는 사람과 그렇지 못한 사람으로 나뉘는 경우를 보면, 부자가 되는 것이 특정한 방식을 따라 행동할 때 생기는 결과라는 사실을 말해준다.

특정한 방식에 따라 행동하는 것은 재능이 있어야만 하는 것은 아니다. 뛰어난 재능을 지닌 사람들이 가난을 면치 못하고 재능이 거의 없는 사람들이 부자가 되는 경우가 많은 것을 보면 알 수 있다. 부자들을 연구해보면 모든 면에서 평균적이라는 사실을 알 수 있다. 뛰어난 재능이나 능력이 있어야만 부자가 되는 것은 아니라는 것이 분명하다. 그들이 부자가 된 것은 특정한 방식에 따라 행동했기 때문이다.

부자가 되는 것은 저축이나 절약을 한다고 되는 것은 아니다. 매우 검소하게 사는 많은 사람들이 가난하고, 돈을 펑펑 물 쓰듯 쓰는 사람들이 부자인 경우가 종종 있기 때문이다. 또 다른 이들이 실패하는 일을 성공한다고 해서 부자가 되는 것은 아니다. 같은 직업을 가진 두 사람이 거의 똑같은 일을 하지만 한 사람은 부자가 되고 다른 한 사람은 가난해지거나 파산하는 경우가 있기 때문이다.

이러한 모든 사실을 고려해 볼 때, 부자가 되는 것은 특정한 방식을 따라 행동한 결과라는 결론을 내릴 수밖에 없다. 부자가 되는 것이 특정한 방식에 따라 행동한 결과라면 어떤 사람이든 그 방식에 따르기만 하면 부자가 될 수 있다는 말과도 같다. 같은 원인이 항상 같은 결과로 나타난다면, 누구든지 그 방식을 따르고 행동하면 부자가 된다는 과학적 결론에 도달하게 된다.

그런데 여기서 이 특정한 방식을 따르는 것이 너무 어려워 극소수만이 가능한 것일 수도 있다는 의문이 생긴다. 그러나 앞서도 말했듯이 선천적 재능이 중요하지 않기 때문에 그것은 사실이 될 수 없다. 재능 있는 사람도 부자가 되고 얼간이도 부자가 되며, 매우 똑똑한 사람도 부자가 되고 똑똑하지 못한 사람도 부자가 되며, 육체적으로 강한 사람도 부자가 되고 약하며 아픈 사람도 부자가 된다.

어느 정도 생각하고 이해할 수 있는 정도의 능력은 물론 중요하다. 그러나 타고난 재능이 없어도 글을 읽고 이해할 수 있는 정도만 되면 누구든 충분히 부자가 될 수 있다.

환경의 문제는 중요하지 않다고 말했지만 아주 상관이 없는 것은 아니다. 예를 들어 사하라사막의 한 가운데에서 성공적인 비즈니스를 기대하기란 어려운 일이다. 부자가 되는 것은 사람들과의 관계 속에서 생기는 것이지 혼자서는 이룰 수가 없기 때문이다. 그러나 환경의 문제는 그 정도에서 그친다. 당신이 살고 있는 마을에서 누군가 부자가 되었다면 당신도 부자가 될 수 있다.

반복하지만 부자가 되는 것은 특정 직종이나 직업과 관련이 있는 것은 아니다. 어느 직종, 어느 직업에서도 부자가 될 수 있다. 자신이 원하는 직업을 선택해 일을 한다면 당신은 잘할 수 있을 것이다. 그리고 자신이 가지고 있는 재능을 잘 계발한다면 그 재능을 발휘할 수 있는 직종에서 당신은 최고의 결과를 낼 것이다. 또한 지역적 특성에 맞는 직종에서 사업을 한다면 당신은 좋은 결과를 낼 수 있다. 아이스크림 가게는 그린란드에 차리는 것보다 더운 지역에 차리는 것이 나을 것이고, 연어 수산업을 한다면 플로리다보다 노스웨스트에서 하는 것이 나을 것이다.

그러한 일반적인 제한은 제쳐두고서라도, 부자가 되는 것은 어느 산업에 종사하느냐의 문제가 아니라 특정한 방식을 배워서 행동하느냐에 달려있다.

당신이 몸담고 있는 사업분야에서 누군가는 부자가 되었고 당신은 그렇지 않다면 그것은 그 사람이 행동한 방식과 똑같은 방식으로 행동하지 않았기 때문이다.

　자본이 없어서 부자가 되지 못하는 것은 아니다. 만약 당신이
이 특정한 방식에 따라 행동하면 틀림없이 부자가 될 것이다. 같
은 원인은 같은 결과를 낳기 때문에 친구, 영향력, 자본이 없더라
도 부자가 될 것이고 자본이 없다면 자본을 갖게 될 것이다. 자신
에게 맞지 않는 사업을 하고 있다면 맞는 사업을 하게 될 것이다.
좋지 않은 장소에 살고 있다면 좋은 장소로 이사하게 될 것이다.
현재의 직종과 현재 살고 있는 장소에서 성공을 이끌어내는 특정
한 방식으로 행동하기 시작하면 그렇게 될 수 있다.

03

당신에게도 얼마든지 기회가 있다

다른 사람이 부를 독점하고 기회를 빼앗은 뒤 타인이 들어올 수 없도록 담을 쳤다고 해서 부자가 될 수 없는 것은 아니다. 특정 분야의 사업에 참여할 수 없게 될지도 모르지만, 당신에게 다른 길이 열려있다.

예를 들어 연료 및 전력 생산업에 참여하지 못했다고 포기할 필요는 없다. 태양 에너지나 풍차같이 자연적 힘을 통한 전력 생산업은 아직 초기 단계이고 거대한 잠재력을 지니고 있다.

오래지 않아 커뮤니케이션 및 운송의 새로운 시스템이 현재 계획과는 매우 다른 형태로 나타날 것이다. 그것은 대규모의 산업으로 발전될 것이고 수십만, 어쩌면 수백만의 고용을 창출할 수도 있을 것이다. 대기업과 경쟁하는 대신 그러한 사업에 눈을 돌리는 것은 어떤가?

전력 생산공장에서 일하는 직업도 예외는 아니다. 그가 고용주가 될 기회는 거의 없다고 생각하겠지만 특정한 방식으로 행동하기 시작한다면 불가능한 일도 아니다. 전력 생산공장에 다니는 일을 곧 그만두고 1만 평에서 4만 평 정도 되는 농장을 사서 자연식과 유기농산물 재배 산업을 할 수도 있다. 또는 작은 면적에서 많은 작물을 기르는 수경재배를 시작할 수도 있다. 소규모 유기농 농장을 운영하고자 하는 사람들에게도 얼마든지 기회가 있다.

땅을 매입할 능력이 없다고 말할지 모른다. 그러나 특정한 방식에 따라 행동하면 땅도 매입하고 농장도 갖게 될 것이라고 확신한다.

앞으로는 사회 전체의 요구에 따라, 사회적 진화와 각 단계의 요구에 따라 기회의 물결이 여러 방향으로 움직일 것이다. 현재 미국은 탈중심화가 이루어지고 있으며 탈중심화가 가능한 산업으로 중심이 이동하고 있다.

오늘날은 사무실 근로자보다는 유기농 농장이나 허브농장을 운영하는 사람들에게 더 많은 기회가 주어지고 있다. 단조로운 일에 매달리는 근로자보다 새로운 에너지 형태나 생태학적 연구에 종사하는 사업가에게 더 많은 기회가 주어지고 있다.

물살을 헤치며 거꾸로 오르는 대신 물결을 타고 가려는 사람들에게 풍족한 기회가 주어진다. 개인회사나 대기업에 다니는 회사원들에게도 기회는 있다. 사장이나 거대 기업 아래 눌려 지내란 법은 없다.

특정한 방식으로 일을 행하기 시작하면 노동자도 고용주가 될 수 있다. 부의 방식은 모두에게 마찬가지로 적용된다. 지금의 방식을 고수하는 노동자는 계속 노동자로 남을 것이다. 그러나 무지함이나 정신적 게으름에 빠지지 않는 노동자는 부자가 될 기회의 물결을 탈 수 있다.

이 책에는 그 물결을 타는 방법이 나와있다. 부의 공급 부족은 가난의 원인이 되지 못한다. 모두에게 풍족하게 돌아가고도 남을 만큼의 부가 있다. 미국 한나라에 있는 건축 재료만으로도 전 세계의 모든 가족에게 워싱턴에 있는 국회의사당 크기의 궁궐을 지어줄 수 있다. 미국에서 집중적으로 울, 코튼, 린넨, 실크 등을 생산해내면 전 세계 인구의 옷과 음식을 해결할 수 있다. 눈으로 보이는 자원도 어마어마하지만 눈에 보이지 않는 자원까지 따지면 실로 무궁무진하다.

지구상에 존재하는 눈에 보이는 모든 것은 그 과정이야 어떻든 하나의 근원적 물질로 이루어져 있다.

새로운 것은 끊임없이 만들어지고 오래된 것은 사라진다. 그러나 그 모든 것은 한 가지 물질을 이리저리 꾸민 형태에 지나지 않는다.

무형 물질 혹은 근본 물질은 한없이 공급된다. 우주는 그것으로 만들어졌지만 그것을 모두 소비해 세상을 만든 것은 아니다. 지구상에 존재하는 모든 형태들의 내부 및 틈새를 채우고 통과하는 공간들은 근본 물질, 즉 무형 물질과 천연 재료로 만들어져 있다. 1만 개의 우주가 아직도 더 만들어질 수 있으며 그때에도 우주의 천연 재료는 고갈되지 않을 것이다. 따라서 자연이 빈약하거나 모두에게 돌아갈 만큼 충분하지 않아서 부자가 되지 못하는 일은 없다.

자연은 고갈되지 않는 부의 저장소이다. 공급은 영원히 계속될 것이다. 근본 물질은 창조적 에너지를 발산하고 계속해서 새로운 형태를 생산해낸다. 건축 재료의 공급이 중단되면 더 많은 재료가 만들어질 것이다. 흙이 모자라서 음식이나 옷감 재료들이 경작되지 못하다면, 흙이 재생되거나 새로운 흙이 만들어질 것이다.

지구에 파묻힌 금과 은을 모두 캐내어 소비한 뒤에도 더 많은 금과 은을 필요로 한다면, 무형 물질로부터 더 많은 금과 은이 생겨날 것이다. 무형 물질은 인간의 요구에 부응한다. 따라서 인간들에게 계속적으로 좋은 물건을 제공할 것이다. 이것은 인류 전체를 놓고 보았을 때 사실이다. 전체로 보면 언제나 부가 넘친다. 개인이 가난한 것은 자신을 부자로 만들어주는 특정한 방식을 따르지 않았기 때문이다.

무형 물질에게는 지능이 있다. 즉 '생각하는 물질'인 것이다. 그것은 살아 있으며 생명의 진보를 추구한다. 생명이 진보를 추구하는 것은 생명의 자연스럽고 고유한 충동이다.

지능이 있는 생명체가 자신을 확장시키고 삶의 질을 높이며 경계를 넓혀 충만한 발현을 찾는 것은 자연스러운 일이다. 형태의 세계는 살아 있는 무형 물질로 만들어졌다. 무형 물질이 충만한 발현을 위해 자신을 형태속에 던진 것이다.

우주는 생명과 기능이 충만한 곳을 향해 항상 움직이는 거대한 생물이다. 자연은 생명의 진보를 위해 만들어졌다. 자연의 동기는 생명의 진보이다. 그런 이유로 생명이 붙어 있는 모든 것은 아낌없는 공급을 받을 수 있다. 신이 허락하는 한 공급 부족은 있을 수 없다. 가난이 지속되는 원인은 부의 공급 부족이 아니다.

특정한 방식에 따라 사고하고 행동하는 사람은 무형 물질을 자유자재로 쓸 수 있다는 사실을 좀 더 보여주겠다.

04

생각한 것은 반드시 이루어진다

무형 물질로부터 손에 쥘 수 있는 부를 생산해 낼 수 있는 힘은 '생각'이다. 만물의 근원은 생각하는 물질이다. 이 물질 안에서 형태에 대한 생각이 일어나면 형태가 만들어진다.

근본 물질은 자신의 생각에 따라 움직인다. 자연에서 볼 수 있는 모든 형태와 과정은 근본 물질 내에 있는 생각의 가시적 표현이다. 근본 물질이 형태를 생각하면 형태를 만들고, 움직임을 생각하면 움직임을 만든다. 그것이 모든 사물이 만들어지는 방식이다.

우리는 생각하는 세계에서 살고 있고, 이 세계는 생각하는 우주의 일부이다. '이동하는 우주'에 대한 생각이 무형 물질 전체로 퍼졌다. 그 생각에서 기인한 '생각하는 물질'은 태양계의 행성 시스템에 따른 형태를 띠고 그 형태를 계속 유지했다. 생각하는 물질의 형태와 움직임은 생각에 의해 정해진다. 태양과 지구의 궤도 시스템을 생각하면 그러한 형태를 지니고 거기에 따라 움직인다. 하나의 작업을 행하는 데에 수 세기가 걸렸을지도 모르지만, 서서히 자라는 나무의 형태를 생각함으로써 무형 물질은 나무를 생산한다. 무형 물질은 창조되는 과정에서 움직임의 선을 따라 이동하는 것처럼 보인다.

참나무에 대한 생각이 다 자란 나무의 형태를 만들어내지는 않는다. 생각은 단지 나무의 성장 곡선이 가동하도록 만들어줄 뿐이다. 형태에 대한 모든 생각은 그 형태를 창조한다. 그러나 항상, 아니 적어도 일반적으로는 이미 성립된 성장과 행동의 선을 따른다.

일정한 구조를 지닌 집에 대한 생각이 무형 물질에 형태를 찍는 것은 사실이지만 그 집의 완성된 형태를 즉각적으로 만들어내는 것은 아니다. 이미 작동하고 있는 창조적 에너지는 집을 빠른 속도로 만들어낼 수 있는 통로로 들여보내주는 역할을 한다. 그러나 창조적 에너지가 작동할 수 있는 기존의 통로가 없다면 유기물 및 무기물의 느린 과정을 거치지 않은 채 천연 물질에서 곧바로 형태를 갖춘 집이 탄생할 것이다.

근본 물질에 각인된 생각은 그대로 실현된다. 그 형태가 실제로 창조된다는 것을 잊지 말아야 한다.

인간은 생각의 중심이고 근원이다. 인간이 손으로 만들어낸 모든 형태는 틀림없이 생각에서 나온 것이다. 어떤 물건에 대한 생각이 생길 때에야 비로소 그 물건의 모양을 만들 수 있다.

지금까지 인간의 노력은 손으로 만든 형태에 국한되어 있었다. 인간은 형태로 만들어진 세계에 그의 육체적인 노력을 들여 이미 존재하는 것을 바꾸거나 개선하려고 했다. 인간은 아직까지 무형 물질에 생각을 각인시켜 새로운 형태를 창조해 보려는 생각은 한 번도 해보지 않았다.

인간이 뭔가 형태를 떠올리면 자연에서 물질을 취해 자신의 생각을 형태화시킨다. 다시 말해 '조물주와 함께' 협력하려는 시도를 거의 해보지 않았다. 인간은 조물주가 한 일을 할 수 있다고 는 꿈에도 생각하지 못했다. 인간은 육체적 노동을 통해 기존의 존재했던 것들의 형태만 바꾸고 개선했을 뿐이다. 자신의 생각을 무형 물질과 소통함으로써 무엇인가를 만들어낸다는 생각은 하지 못했던 것이다.

나는 인간은 누구든지 할 수 있다는 것을 증명하고 그 방법을 보여주려 한다.

그 첫 번째 단계는 세 가지 기본 명제를 제시하는 것이다.

하나의 근본 무형 물질에서 모든 사물이 만들어진다. 여러 요소로 보이는 것이 사실은 한 가지 요소의 다른 모습일 뿐이다. 유기물과 무기물의 자연에서 발견되는 여러 형태는 같은 것으로부터 만들어진 다른 외양일 뿐이다. 그리고 그 한 가지 요소란 '생각하는 물질'이다. 그 물질 속에 있는 생각은 그것의 형태를 만들고 모양을 만들어낸다.

인간은 생각의 중심이고 독창적인 생각을 할 수 있는 능력이 있다.

인간이 '생각하는 근본 물질'과 자신의 생각을 주고받을 수 있다면, 자신이 생각하는 물건의 형태를 만들어낼 수 있을 것이다. 이것을 요약해 보면 다음과 같다.

생각하는 물질이 있다. 그것은 만물의 근원이며 우주의 모든 공간을 침투해 스며들고 가득 채웠다.

이 물질 속에 생각이 깃들면 그 생각대로 형태가 만들어진다.

인간은 생각으로 어떤 것들의 형태를 만들어낼 수 있다. 무형 물질에 자신의 생각을 각인함으로써 생각한 것을 창조할 수 있다.

나는 논리와 경험으로 위의 주장을 증명할 수 있다. 형태와 생각의 현상으로부터 거꾸로 추론하면 하나의 '생각'하는 근본 물질에 이르게 된다. 생각하는 물질에서 시작해 추론해 나가면 사물의 형태를 존재하게 한 개인의 힘에 다다르게 된다. 실험으로도 이 주장이 사실이라는 것을 알 수 있는데 이것이야말로 가장 강력한 증거이다.

이 책을 읽은 사람이 내가 시키는 대로 실천해 부자가 된다면 내 주장을 지지하는 증거가 된다. 나아가서 내 말을 들은 사람들 모두가 부자가 된다면 누군가 과정 중에 실패를 할 때까지는 내 주장이 틀리지 않다는 결정적인 증거가 될 것이다. 실패자가 나올 때까지 이 이론은 사실이다. 그리고 실패자는 나오지 않을 것이다. 내가 히리는 대로 정확히 실천하는 모든 사람은 부자가 될 것이기 때문이다.

특정한 방식에 따라 행동하면 부자가 된다고 말했다. 그렇게 하기 위해서는 특정한 방식으로 생각할 줄 알아야 한다. 행동방식은 그 행동에 대한 생각하는 방식의 직접적인 결과이기 때문이다. 원하는 방식으로 행동하고 싶으면 자기 의지대로 생각하는 능력을 길러야 할 것이다. 이것이 부자가 되는 첫 번째 단계이다.

원하는 것을 생각하려면 겉모습에 상관없이 '실제'를 생각해야 한다.

사람은 누구나 자신의 의지대로 생각할 천부적 능력이 있다. 그러나 겉모습에 의해 암시된 '실제적 사고'를 생각하려면 보기보다 많은 노력이 필요하다. 겉모습에 따라 생각하는 것은 쉽지만 겉모습을 무시하고 '실제'를 생각하는 것은 힘든 일이며 많은 에너지를 소모시킨다.

대부분의 사람들은 행동을 하면서 지속적인 생각을 하지 않는다. 그것이 세상에서 가장 힘든 일이기 때문이다. '실제'가 겉모습과 반대의 모습을 띠고 있을 때에 특히 그렇다. 가시적인 세상은 관찰하는 마음에 상응하는 형태를 생산해 내는 경향이 있다. 그것은 '실제'를 유지하려는 생각의 힘을 차단한다.

질병의 겉모습을 들여다보는 것은 자기 마음속에 각인되고, 결국에는 자기 몸에 질병의 형태를 만들어내는 것이다. 그렇게 하는 대신 질병은 겉모습일 뿐이고 실제는 건강하다는 생각을 가져야 한다. 가난의 겉모습을 자세히 들여다보는 것은 자기 마음속에 그에 해당하는 형태를 만들어내는 것이다. 그렇게 하는 대신 가난이 존재하지 않는다는 생각을 가져야 한다. 세상에는 부유함만이 있을 뿐이다.

질병의 겉모습에 둘러싸여 있을 때 건강을 생각하려면 힘이 필요하다. 또한 가난의 겉모습 한가운데에 빠져있을 때 부유함을 생각하려면 힘이 필요하다. 이 힘을 얻은 자는 자기 마음의 주인이 된다. 그는 운명을 정보로 삼고 자기가 원하는 것을 얻을 수 있다. 이 힘은 겉모습의 뒤에 숨어 있는 진실을 깨달음으로써 얻을 수 있다. 생각하는 물질이 있고 그것으로부터 만물이 만들어진다는 사실이 그것이다.

그 사실을 깨달은 다음, 이 물질 안에 들어있는 모든 생각이 하나의 형태를 이룬다는 것, 그리고 인간은 그 물질에 자기 생각을 각인해 형태를 이룬다는 것, 그리고 인간은 그 물질에 자기 생각의 형태를 만들고 그것이 눈에 보이는 실재가 된다는 사실을 명심해야 한다.

그런 다음에는 자기 의지대로 창조할 수 있다는 것을 알기 때문에 모든 의심과 두려움이 없어진다. 원하는 것을 얻을 수 있고 되고자 하는 대로 될 수 있다. 부자가 되는 첫 번째 단계로서 앞서 제시된 세 가지 기본 명제를 믿어야 하다. 강조를 위해 다시 한번 써보겠다.

생각하는 물질이 있다. 그것은 만물의 근원이며 우주의 모든 공간을 침투해 스며들고 가득 채웠다.

이 물질 속에 생각이 깃들면 그 생각대로 형태가 만들어진다.

인간은 생각으로 어떤 것들의 형태를 만들어낼 수 있다. 무형 물질에 자신의 생각을 각인함으로써 생각한 것을 창조할 수 있다.

많은 우주론 중에 일원론 이외의 다른 모든 개념들은 모두 내려놓고, 이 개념이 자신의 마음속에 자리를 잡고 깊이 새겨질 때까지 되뇌어라.

단어 하나하나를 머릿속에 새기고 그 말을 믿게 될 때까지 숙고하라. 의심이 고개를 들면 죄악인 양 던져버려라. 이 생각에 반대하는 자의 말은 듣지 마라. 이 생각에 반대되는 개념의 강의나 설교를 하는 곳에는 가지 마라. 잡지나 책도 마찬가지로 이와 다른 생각을 가르치려 드는 것이면 읽지 마라. 신념이 흔들리면 모든 노력이 물거품으로 변할 것이다.

이 주장이 사실인지도 묻지 마라. 이것이 어떻게 진실이 될 수 있는지도 생각하지 마라. 단순히 받아들여라. 부자가 되는 과학은 이 믿음을 절대적으로 받아들이는 것으로부터 시작된다.

05

신이 원하는 것은 당신이
최상의 실현을 하는것이다

가난하게 사는 것이 신의 뜻이라거나 빈곤 속에서 사는 것이
신의 의도라는 낡은 생각은 지워버려야 한다.

모든 것의 근원이며 만물 속에 살아 있는 무형 물질은 당신 안
에 존재한다. 그것은 의식을 지닌 존재이다. 의식을 지닌 생명체
가 되기 위해서는 의식을 가진 모든 생명체에 내재된 생명의 성
장 욕구를 가져야 한다. 모든 생명체는 생명의 성장을 지속적으
로 추구한다. 생명은 산다는 단순한 행위만으로도 스스로 성장

하기 때문이다.

땅에 떨어진 하나의 씨앗은 싹을 틔우고 살아가는 행위 속에서 수많은 씨앗을 생산한다. 생명은 살아가면서 스스로 수를 늘린다. 영원히 증가하고 존재하기 위해서 그 일을 계속할 수 밖에 없는 것이다.

지능 역시 같은 필요성에 의해 계속적인 성장을 한다. 우리가 만들어내는 생각은 또 다른 생각을 만들어낸다. 의식은 계속 성장한다. 우리가 배워서 얻은 모든 사실은 또 다른 사실을 배우도록 만든다. 지식도 계속 성장한다. 재능은 또 다른 재능을 키울 욕망을 가져온다. 우리는 삶의 충동에 지배받는다. 이 충동을 발현하기 위해서 지식을 더 쌓고 더 많은 행위를 하며 더 나은 무언가가 되려고 한다.

더 많은 지식을 쌓고 더 많은 행위를 하고 더 나은 존재가 되기 위해서는 가진 게 많아야 한다. 물질을 사용함으로써 그것이 가능하기 때문에, 더 나은 삶을 살기 위해서는 부자가 되어야 한다.

부에 대한 욕망은 충만함을 추구하는 생명이 가진 능력일 뿐이다. 모든 욕망은 실현되지 않은 가능성을 표현하려고 하는 노력이다. 그것은 자신을 나타내기 위한 힘이고, 그것이 욕망을 불러일으킨다. 더 많은 돈을 원하도록 만드는 것은 식물을 자라게 하는 힘과 같다. 그것이 바로 더 충만한 발현을 하는 생명력이다.

생명이 있는 무형 물질은 평생 이 법칙에 따르도록 되어있다. 그것은 생명을 성장시키려는 욕망으로 가득 차 있다. 따라서 사물을 만들어낼 필요를 느낀다. 우리 안에 있는 이 무형 물질은 삶의 성장을 원하고 그렇기 때문에 사용 범위 내에 있는 모든 물건들을 소유하기를 원한다.

인간이 부자가 되는 것을 신도 원한다. 인간이 풍족해야만 그들을 통해 자신을 더 잘 표현할 수 있기 때문에 신은 인간이 부를 누리기를 원하는 것이다. 우리에게 삶의 수단을 통제할 무제한의 힘이 있으면 신은 우리 안에 더 오래 머물 수 있다.

우주는 우리가 갖고자 하는 모든 것을 갖기를 바란다. 자연은 우리의 계획에 우호적이다. 부자연스러운 것은 아무것도 없다. 이것이 사실이라는 것을 명심하라.

그러나 자신의 목적이 만물의 목적과 조화를 이루어야 한다는 것을 잊으면 안 된다. 단순한 쾌락이나 감각적 자극이 아닌 진정한 삶을 원해야 한다. 삶은 기능의 실현이다. 개개인은 모든 기능, 즉 육체적, 정신적, 영혼의 기능을 능력껏 수행할 때 진정한 삶을 사는 것이다.

당신은 동물적 쾌락을 추구하는 삶을 살기 위해 부자가 되려 하지는 않을 것이다. 그러나 모든 육체적 기능의 수행은 삶의 일부이기 때문에 정상적이고 건강한 육체적 표현의 충동을 거부하고는 완전한 삶을 살 수 없다.

당신은 정신적 즐거움만을 누리기 위해 부자가 되려 하지는 않을 것이다. 지식을 얻고 야망을 채우고 남들보다 뛰어나 유명해지는 그 모든 것들은 삶의 정당한 일부이다. 그러나 지적 쾌락만을 위해 사는 사람은 부분적 삶을 살 뿐이다. 결코 온전한 만족감을 누릴 수 없다.

당신은 오로지 베푸는 삶을 살기 위해 부자가 되려 하지는 않을 것이다. 인류의 구원과 박애 및 희생의 기쁨만을 위해 자신을 내팽개치는 것은 옳지 않다. 영혼의 기쁨 역시 삶의 일부일 뿐이다. 삶의 다른 부분보다 더 나을 것도 고귀할 것도 없다.

우리는 배가 고프면 먹고, 목이 마르면 마시고, 때가 되면 결혼을 하기 위해 부자가 되기를 원하는 것이다. 아름다운 물건들로 주위를 채우고 먼 나라로 여행하고 마음의 양식을 얻고 지성을 발전시키기 위해 부자가 되려 한다. 사람들은 사랑을 하고 선행을 베풀며 진실을 찾기 위한 일에 힘이 되고자 부자가 되려 한다.

그러나 극단적인 이타주의는 극단적인 이기주의보다 더 나을 것도 고귀할 것도 없다는 사실을 기억하라. 두 가지 모두 잘못된 것이다.

자신을 희생해서라도 남을 돕는 것이 신을 기쁘게 하는 일이라 생각하지 마라. 그것으로 신의 은총을 얻는다고 생각하지 마라. 신은 그런 일을 요구하지 않는다.

신이 원하는 것은 당신이 최상의 실현을 하는 것이다. 그것은 자신뿐 아니라 타인을 위하는 길이기도 하다. 또한 스스로 최상의 실현을 하는 것이 다른 무엇보다도 타인을 돕는 길이다. 당신은 오직 부자가 됨으로써 최상의 실현을 할 수 있다.

따라서 부를 얻기 위한 노력을 일생일대의 목표로 삼는 것은 당연하고 칭찬받을 일이다. 물질에 대한 욕망이 모두를 위한 것이라는 사실을 명심하라. 그러나 욕망의 움직임은 모두를 나은 삶으로 이끄는 것이어야지 누구에게도 피해를 주는 것이어서는 안된다. 물질에 대한 욕망은 만물과 만인을 위한 부와 삶의 추구이기 때문이다.

무형 물질은 당신을 위한 물건을 만들어내는 것이지 다른 사람의 것을 당신에게 주는 것이 아니다. 경쟁의 생각을 없애야 한다. 이미 만들어진 것과 경쟁하지 말고 새롭게 창조해야 한다. 누군가의 것을 빼앗아 올 필요가 없다. 애써 흥정할 필요도 없다. 사기를 치거나 정당하지 않은 방법으로 이익을 취할 필요도 없다. 보수를 적게 주면서 일을 시킬 필요도 없다. 남의 재산을 탐내거나 부러운 눈으로 쳐다볼 필요도 없다. 그가 가진 것 중 당신이 가질 수 없는 것은 없다. 그가 갖고 있는 것을 빼앗지 않고도 당신은 그것을 가질 수 있다.

경쟁자가 되지 말고 창조자가 되어야 한다. 갖고자 하는 것을 갖되 그것을 가질 때에 다른 사람들이 가지고 있는 현재보다 더 많은 것을 가질 수 있는 방식으로 가져야 한다.

나는 앞서 말한 것과는 완전히 반대되는 방법으로 막대한 돈을 모은 사람들을 알고 있다. 치열한 경쟁에서 뛰어난 능력을 발휘해 엄청난 부를 소유한 금권주의자들이 그들이다. 그러나 때로는 산업의 성장처럼 그들도 무의식으로 인류 발전 운동에 물질로서 조화를 이루었다. 석유왕 록펠러, 철강왕 카네기, 금융왕 모건 등은 자신도 모르게 초월적 힘을 발휘해 생산업의 체계화 및 조직화를 이루어낸 사람들이다. 그들이 이루어낸 업적은 모든 사람의 삶을 향상시키는 데 커다란 공헌을 했다.

억만장자들은 선사시대에 살았던 공룡과 같다. 그들은 진화 과정의 필수적인 부분을 담당했지만 그들을 생산해 냈던 바로 그 힘에 의해 죽음을 맞이하게 될 것이다. 그들이 진실로 부자인 적은 한 번도 없었다는 사실을 잘 기억해야 한다.

그 부류에 속했던 사람들의 개인적 삶의 기록을 보면 극빈한 생활을 했었다는 것을 알 수 있다. 경쟁을 발판으로 모아진 부는 만족도 없고 영원하지도 않다. 오늘은 내 것이지만 내일이면 다른 사람들의 것이 될 수도 있다. 특정한 방식에 의해 과학적으로 부를 이루기 위해서는 경쟁적 마인드로부터 완전히 벗어나야 한다.

공급이 제한되어 있다는 생각을 조금이라도 해서는 안 된다.

돈이 한쪽으로 치중되고 은행가 등에 의해 조절되므로 이 과정에 개입해 돈을 모아야겠다고 생각하는 순간 경쟁심 속에 빠져들게 된다. 그렇게 되면 창조를 해야 할 힘이 일시적으로 사라지는 것에 그치지 않고 이미 간직하고 있던 창조적 움직임마저 멈추게 된다.

땅속에는 수백만 달러의 값어치에 달하는 금광이 아직 남아 있다.

만약 금광이 없다면 우리의 필요를 충족시켜줄 물질이 생각하는 물질로부터 창조될 것이다. 필요로 하는 돈이 생길 것이다. 새 금광의 발견을 위해 1000명의 사람이 필요하다고 해도 원하면 이루어질 것이다. 눈에 보이는 공급에 눈을 돌리지 말고 무형 물질의 제한 없는 부를 주목해야 한다. 그리고 그것을 빨리 받아들여 사용할수록 빨리 다가온다는 사실을 알아야 한다. 누군가가 모든 것을 독점할 것이라는 생각은 눈에 보이는 것만 보기 때문에 생기는 것이다. 집 지을 준비를 하기도 전에 최고의 건물을 지을 수 있는 장소를 모두 빼앗길 것이라는 생각은 한순간도 하지 마라. 대기업이나 재벌들이 지구 전체를 소유할 것이라는 걱

정도 할 필요가 없다. 다른 사람에게 밀려 자신이 원하는 것을 잃을 수도 있다는 두려움도 갖지 마라.

그런 일은 결코 일어나지 않는다. 다른 사람이 소유한 것을 얻고자 하는 것이 아니라 무형 물질로부터 창조된 것을 얻고자 함이기 때문이다. 공급은 무한하다.

다음 문구를 명심하라.

생각하는 물질이 있다. 그것은 만물의 근원이며 우주의 모든 공간을 침투해 스며들고 가득 채웠다.

이 물질 속에 생각이 깃들면 그 생각대로 형태가 만들어진다.

인간은 생각으로 어떤 것들의 형태를 만들어낼 수 있다. 무형 물질에 자신의 생각을 각인함으로써 생각한 것을 창조할 수 있다.

06

부는 창조하는 것이다

나는 애써 흥정할 필요가 없다는 말을 앞서 했다. 그러나 그것은 전혀 흥정할 필요가 없다거나 다른 사람들과 거래할 필요가 없다는 뜻은 아니다. 단지 그들과 불공정한 거래를 할 필요가 없다는 뜻이다. 아무것도 주지 않고 받을 필요는 없지만, 당신은 받는 것보다 많은 것을 모든 이들에게 주는 것은 괜찮다.

가져오는 것보다 많은 현금 가치를 상대에게 줄 수는 없다. 그러나 그 사물의 현금 가치보다 많은 사용 가치를 그에게 줄 수는 있다. 이 책을 만드는 데에 쓰인 종이, 잉크 등은 책 가격보다 적은 가치를 지니고 있을 것이다. 그러나 이 책에 담긴 생각이 당신에게 많은 돈을 벌게 해준다면 이 책을 산 사람은 판매인과의 거래에서 많은 이익을 본 것이다. 판매인들은 적은 현금 가치를 받고 커다란 사용 가치를 제공한 것이다.

문명화된 도시에서 상당한 가치를 지닌 그림 하나를 당신이 소유하고 있다고 가정해 보자. 당신은 그 그림을 배핀baffin 만에 가져가 영업능력을 발휘해 한 에스키모인을 설득해 500달러의 값어치가 있는 모피와 교환한다. 그때 당신은 에스키모인과 부정한 거래를 한 것이다. 그 그림은 그에게 효용가치가 전혀 없고 삶에 보탬이 되지 않기 때문이다. 그러나 그에게 50달러의 총을 한 자루 주고 모피와 교환했다고 가정해 보자. 그러면 그는 좋은 거래를 한 것이다. 그에게 총은 필요한 물건이다.

그것으로 모피와 식량을 더 많이 장만할 수 있기 때문이다. 총은 그의 삶에 여러모로 유익하고 그를 부자로 만들어줄 것이다.

경쟁적 마인드를 창조적 마인드로 바꾸면 사업적 거래를 매우 정확하게 파악할 수 있다. 누군가와 거래를 했는데 삶을 증진시키는 측면에서 내가 그에게 준 것보다 그에게 받은 것이 많을 때에는 거래를 중단해야 한다. 거래할 때 누구에게도 손해를 입힐 필요가 없다. 누군가에게 손해를 주는 사업에 참여하고 있다면 즉시 그곳에서 빠져나와야 한다. 상대에게 현금 가치보다 많은 사용 가치를 주어야 한다. 그렇게 하면 모든 거래를 통해 모든 이들의 삶을 윤택하게 만들 것이다.

당신에게 직원이 있다면 월급으로 지불되는 현금 가치보다 많은 것을 그들로부터 얻어내야 한다. 단 사원들이 일을 하면서 매일 조금씩 발전할 수 있도록, 발전의 원칙이 가득찬 일터이어야 한다. 이 책이 당신에게 주는 것을 일터에서 당신의 직원들에게도 줄 수 있다. 모든 직원들이 부를 향해 한 계단씩 올라갈 수 있도록 사업을 운영하는 것이다. 만약 기회를 주었는데도 그것을 잡지 않는 직원이 있다면 그것은 당신의 잘못이 아니다.

당신의 주위를 가득 채우고 있는 무형 물질로부터 부를 일구어낸다고 해도 재산이 갑자기 모습을 드러내어 눈앞에 펼쳐지는 일은 없다.

예를 들어 재봉틀을 하나 갖고 싶다고 하자. 무형 물질에 재봉틀의 영상을 마음속에 뚜렷하게 새겨보는 것이 좋다. 재봉틀을 원한다면 그것이 만들어지고 있거나 나에게 오는 중이라고 가장 긍정적인 마음으로 영상을 그린다. 생각이 형성되면 재봉틀이 다가온다는 확고한 절대 흔들리지 않는 신념을 지녀라. 그것을 갖게 되리라는 자신감 없이는 절대 생각하거나 말하지도 마라. 이미 자신의 것인 양 권리를 주장하라. 그러면 인간의 마음을 지배하는 무형 물질이 원하는 것을 당신에게 가져다줄 것이다. 당신이 메인 주에 사는데, 텍사스나 일본에 사는 사람이 거래를 제시해 당신이 원하는 것을 갖게 해줄 수도 있다. 그렇게 된다면 그 거래는 당신에게 이득이 되는 만큼 그 사람에게도 유리한 결과를 줄 것이다.

생각하는 물질이 만물에 내재되어 있고 만물과 교류하며 모든 것에 영향을 미칠 수 있다는 사실을 잠시라도 잊지 마라. 삶을 증진시키고 행복을 추구하는 생각하는 물질의 욕망은 이미 만들어진 모든 재봉틀을 창조했고 앞으로도 수백만 대의 재봉틀을 만들어낼 것이다. 특정한 방식에 따라 행동하며 의지와 신념을 갖고 활동하는 모든 곳에서 같은 일이 일어날 것이다.

당신은 분명히 재봉틀을 한 대 가질 수 있다. 자기 자신과 타인의 삶의 발전을 위해 쓰는 한 우리는 원하는 것을 무엇이든 가질 수 있다. 주저하지 말고 많이 요구하라.

"너희 아버지께서 그 나라를 너희에게 주시기를 기뻐하시느니라."

예수그리스도는 그렇게 말씀했다.

근본 물질은 우리 안에서 가능한 한 풍족하게 살기를 원한다. 근본 물질은 가장 풍족한 삶을 위해 필요한 모든 것을 우리가 소유하기를 원한다. 부자가 되겠다는 욕망이 더욱 완전한 모습으로 드러나려는 초월적인 힘의 욕망과 일치한다는 사실을 강하게 의식하고 있으면, 신념은 흔들리지 않는다.

한 번은 한 소년이 피아노 앞에 앉아 건반을 두드리며 맞지도 않은 음을 치고 있는 모습을 보았다. 소년은 슬픈 표정이었고 음악다운 음악을 치지 못하는 것에 화가 난 것 같았다. 내가 소년에게 왜 그렇게 슬픈 얼굴이냐고 물어보자 그가 대답했다.

"내 안에 있는 음악을 느낄 수는 있지만 손가락이 잘 따라주지 않아요."

소년의 마음속에 있는 음악은 모든 생명의 가능성을 담고 있는 근본 물질의 충동이다. 음악으로 이루어진 모든 것이 아이를 통해 표현될 길을 찾고 있는 것이다.

신은 인류를 통해 살고, 일을 하고, 즐기려고 노력한다.

신은 말한다.

"나는 아름다운 건물을 짓고, 거룩한 음악을 연주하고, 영광스러운 그림을 그릴 손을 원한다. 심부름을 갈 다리를 원하고, 나의 아름다움을 볼 눈을 원하며, 거룩한 진리와 성스러운 노래를 부를 입을 원한다."

신은 가능한 모든 것이 인간을 통해 표현될 길을 찾고 있다. 신은 음악을 연주할 수 있는 이들이 필요한 악기를 갖기를 원하고 재능을 충분히 펼칠 수 있는 수단을 갖기를 원한다. 아름다움을 제대로 평가할 수 있는 이들이 주위를 아름답게 치장할 수 있기를 원한다. 신은 진리를 알아볼 수 있는 이들이 여행하고 관찰할 기회를 갖기를 원한다.

옷을 고를 줄 아는 이들이 예쁜 옷을 입고, 음식 맛을 즐길 줄 아는 자들이 호사스러운 음식을 만끽하기를 원한다. 신이 이 모든 것을 원하는 것은 그 역시 그런 것들을 즐기고 감상하기 때문이다. 연주하고, 노래하고, 아름다움을 즐기고, 진리를 밝히고, 좋은 옷과 맛있는 음식을 먹고자 하는 이가 바로 신이기 때문이다.

사도 바울이 말했다.

"너희 안에 행하시는 이는 하나님이시니 너희로 소원을 두고 행하게 하시노라."

부자가 되고자 하는 욕망은 피아노 앞에 앉아 있던 소년 안에서 표현할 방법을 찾던 신처럼 내 안에서 자기 자신을 표현하려 애쓰는 분도 신이다. 많이 요구하기를 주저할 필요가 없다. 당신이 할 일은 신의 욕망에 초점을 맞추고 표현하는 것이다. 대부분의 사람들이 어려워하는 것이 바로 그것이다.

가난과 희생이 신에게 기쁨을 주는 것이라는 낡은 생각에 매여 주저한다. 사람들은 가난을 신의 의도 중 하나라고 보고 자연의 필수적인 요소라고 생각한다. 그들은 신이 일을 끝냈으며 만들 수 있는 것은 모두 만들었다는 생각을 갖는다. 대다수의 인간은 돌아다닐만한 여유가 없으므로 한곳에 머물러야 한다는 생각을 갖는다. 인간은 이 잘못된 생각에 지나치게 빠져있어서 부를 달라고 요구하는 것에 부끄러움을 느낀다. 매우 평범한 능력, 다시 말해서 불편함만 겨우 면할 정도 이상의 것을 원하지 않으려고 한다.

나는 한 학생에게 그가 원하는 물건을 마음속에 선명하게 그리면 그 창조적인 생각이 무형 물질에 모습을 찍을 것이라고 말해 주었다. 그는 셋집에서 하루하루 겨우 살아가는 매우 가난한 학생이었다. 그는 모든 부유함이 자기 것이라는 사실을 이해할 수 없었다. 그는 생각을 거듭한 끝에 침실에 깔 새 카펫과 추운 날씨에 집을 따뜻하게 해줄 무연탄 난로를 요구해야겠다고 생각했다.

이 책에 적힌 가르침대로 따른 그는 몇 달 내에 그 물건을 갖게 되었다. 그제야 그는 자신이 충분히 요구하지 않았다는 사실을 깨달았다. 그는 자기 집을 구석구석 돌면서 개선해야 할 것을 생각했다. 그는 마음속으로 이곳에 창문을 달고 저곳에 방을 만들었다. 마침내 그의 마음속에 이상적인 집이 완전히 그려진 다음에야 그는 가구 배치를 계획했다. 그는 집의 전체적 그림을 마음속에 담은 채 특정한 방식을 따라 원하는 방향으로 움직이기 시작했다. 그는 이제 그 집을 소유하게 되었고, 마음속에 그린 영상에 따라 구조를 변경했다. 그는 계속 신념을 갖고 더 큰일을 진행하고 있다. 신념에 따라 스스로 해낸 일이었다. 우리 모두 그와 같은 일을 할 수 있다.

07

감사하라,

좋은 것들이 당신을 향해 찾아올 것이다

앞장을 읽은 독자는 부자가 되기 위한 첫 번째 단계가 무형 물질에 자신이 원하는 생각을 옮겨 담는 것이라는 사실을 알았을 것이다. 그렇게 하기 위해서는 무형 물질과 조화로운 방식으로 관계를 맺어야 한다.

조화로운 관계를 돈독히 하는 것은 매우 기본적이고 극히 중요한 문제이기 때문에 이곳에 지면을 할애해 설명하겠다.

내 지시대로 따르기만 한다면 신과 완벽하게 합일되는 느낌을 가질 수 있으리라 확신한다.

정신적 조화와 조율의 전 과정은 한마디로 요약될 수 있다. 바로 '감사'이다.

첫 번째, 모든 사물의 과정을 주관하는 하나의 '지적인 실체'가 있다고 믿는다.

두 번째, 자기가 원하는 모든 것을 이 실체가 준다고 믿는다.

세 번째, 깊은 감사의 마음을 통해 이 실체와 자신을 연결한다.

다른 방법으로 자신의 삶을 주관하는 많은 사람들이 '감사하는 마음'이 없어서 가난을 극복하지 못하는 것을 보아 왔다. 신으로부터 한 가지 선물을 받은 뒤에도 감사하지 않음으로써 신과의 연결고리를 끊어버리는 것이다.

부의 근원에 다가갈수록 부를 얻기가 더 쉬워진다. 이 점은 쉽게 이해할 수 있을 것이다. 항상 감사하는 삶은 신에게 감사의 인사를 전혀 하지 않는 삶보다 신과 더 가깝게 교류한다는 사실을 역시 이해해야 한다.

좋은 일이 다가올 때, 조물주에 대한 감사의 마음을 더 많이 가질수록 좋은 일이 더 많이 생기고 다가오는 속도 역시 빨라지는 것이다.

그 이유는 간단하다. 감사하는 태도는 축복을 내리는 근원과 가깝게 교류하도록 마음을 이끌기 때문이다. 우주를 창조한 에너지와 자신의 마음을 조화로운 관계로 이끄는 것이 '감사하는 것'임은 틀림없는 사실이다. 이미 소유하고 있는 좋은 물건은 특정한 방식에 의해 당신의 소유가 된 것이다.

감사는 사물이 오는 그 길을 따라 마음이 가도록 이끌어준다. 감사는 또한 창조적인 생각과 밀착된 관계를 유지하도록 해주며 경쟁적인 생각을 멀리하도록 도와준다. 감사만이 신을 쳐다보도록 만들어주고, 부의 공급이 제한적이라는 치명적이고도 잘못된 생각에 빠지지 않도록 해준다.

감사의 법칙이 있다. 원하는 결과를 얻으려면 절대적으로 이 법칙을 따라야 한다. 감사의 법칙은 '작용과 반작용이 언제나 동일한 힘으로 서로 정반대의 방향으로 작용한다'는 원리이다. 신을 향한 감사와 찬양은 그 힘이 실패 없이 목적지에 닿게 한다. 그리고 그에 따라 신은 당신을 향해 즉각적인 반응을 한다.

"하나님을 가깝게 끌어당기면 그분 역시 당신을 가깝게 끌어

당기실 겁니다."

이 말은 심리학적으로 틀림없는 사실이다. 당신의 감사가 강하고 지속적이면 무형물질의 반응도 강해지고 지속적일 것이다. 예수가 취한 감사의 태도를 주목하라.

그는 항상 이렇게 말했다.

"아버지, 저의 말을 들어주셔서 감사드리옵니다."

감사의 마음은 힘과 연결되어 있기 때문에, 감사 없이는 많은 힘을 행사하지 못한다. 감사의 가치는 더 많은 축복을 위한 것일 뿐만 아니라 사물의 현재 모습에 만족하기 위한 것이다. 사물의 현재 모습에 불만스러운 마음이 싹트기 시작하면 그 순간부터 당신은 실패하기 시작한다.

당신의 마음이 흔하고 가난하고 천박한 것에 집중되면 그러한 것의 형상을 만들어낸다. 그런 다음 그 형상이나 머릿속 이미지가 무형물질에 전달된다. 따라서 흔하고 가난하고 천박한 것이 당신에게 다가오게 된다. 저급한 것에 마음을 허락하면 당신은 저급한 것에 둘러싸여 저급한 사람이 된다. 한편 최상의 것에 마음을 돌리면 최상의 것들에 둘러싸이게 되고 당신은 최상의 사람이 된다. 마음속에 있는 창조적 힘은 우리가 집중하고 있는 것의 이미지로 우리의 모습을 만들어낸다. 우리는 생각하는 물질이고 생각하는 물질은 언제나 그것이 생각하는 것의 형태로 변한다.

감사하는 마음은 언제나 최상의 것에 지속적으로 마음을 고정시킨다. 따라서 그 마음은 최상의 것이 되려 하고, 최상의 형태와 특성을 취한다. 따라서 최상의 것을 받게 된다.

또 한 가지, 믿음은 감사로부터 태어난다. 감사하는 마음은 계속 좋은 일을 기대하는 믿음이 된다. 자기 자신의 마음에 대한 감사의 반작용이 믿음을 생산한다. 감사하는 축복의 물결이 계속 밀려나와 믿음을 증가시킨다. 감사를 모르는 사람은 살아 있는 믿음을 오래 간직할 수 없다. 뒤에서 보겠지만, 살아 있는 믿음 없이는 창조적인 방식으로 부자가 될 수 없다.

그래서 당신에게 다가오는 모든 좋은 것에 감사하는 습관을 기르는 것이 꼭 필요하다. 다시 말해 끊임없이 감사하라는 것이다. 또한 모든 것들이 당신의 발전에 기여하므로 감사하는 데 있어서 어느 하나도 제쳐둘 수 없다.

돈 많은 재벌이나 힘 있는 자들의 그릇된 행동이나 단점에 대해 생각하거나 거론함으로써 시간을 낭비하지 마라. 그들이 세상을 조직화했기 때문에 당신에게 기회가 생긴 것이다. 우리가 지금까지 받은 모든 것은 그들 덕분에 받은 것이다. 부패한 정치인들에 대해 화내지 마라. 정치가들이 없었다면 무정부 상태에 빠졌을 것이고, 기회는 엄청나게 줄어들었을 것이다.

현재의 정치 및 경제 상황이 우리에게 이르기까지 신은 오랜 시간 동안 매우 참을성 있게 공을 들여왔다. 그리고 신은 옳은 방향으로 나아가려 한다. 그가 재벌, 거물, 산업계의 지도자, 정치가들의 필요가 없어지는 대로 빨리 처리할 것임을 나는 믿는다. 그러나 한편으로 그들은 매우 필요한 존재들이다. 우리가 부를 누리는 것도 그들이 만들어 놓은 전달 통로를 통해서이다. 그들에게 감사하라. 그 통로를 통해 좋은 것과 교감할 수 있는 것이고, 그 교감을 통해 좋은 것들이 당신을 향해 찾아올 것이다.

08

마음의 부자가 물질의 부자가 된다

6장으로 되돌아가서 원하는 집의 모습을 영상화한 남자의 이야기를 다시 읽어보자.

부자가 되는 첫 번째 단계가 무엇인지 명확히 떠오를 것이다. 당신이 원하는 것의 명확하고 구체적인 그림을 머릿속에 그려보는 것이 그것이다. 완전히 자기 것으로 만들어야 그것을 전달할 수 있다.

무언가를 주려면 그것을 갖고 있어야 한다. 많은 사람들은 자신이 하고 싶은 것, 갖고 싶은 것, 되고 싶은 것에 대해 모호한 개념만을 갖고 있을 뿐이어서 생각하는 물질에 소망을 각인시키지 못한다. '좋은 일'을 하기 위해 부자가 되고 싶다는 생각만으로는 충분하지 않다. 그런 정도의 바람은 누구나 갖고 있다.

자유롭게 여행하고, 구경하고, 오래 살고 싶다는 소망만으로는 불충분하다. 그런 바람 역시 누구나 갖고 있는 것이다. 친구에게 전보를 칠 때 알파벳 순으로 글자를 보내고 친구가 스스로 글자를 조립해 읽으라고 하지는 않을 것이다. 사전에서 내키는 대로 단어를 찾아내 무작위로 보내지도 않을 것이다. 무언가 의미를 담은 조리 있는 문장을 써서 보낼 것이다. 생각하는 물질에 소망을 전달할 때도 조리 있는 문장으로 해야 한다. 그렇게 하려면 자신이 원하는 것을 구체적이고 분명하게 알고 있어야 한다. 형태가 확실치 않은 소원이나 모호한 소망을 보내면 창조적인 힘이 가동되지도 않고 부자가 될 수도 없다.

앞에 나왔던 그 사람이 자기 집을 돌아다녔던 것처럼 자신의 욕망을 돌아다녀 보라. 그래서 당신이 원하는 것을 보고 그것을 갖게 되었을 때, 실제로 보는 것처럼 마음속에 뚜렷한 그림을 그려보라. 선원이 마음속에 자신이 가고자 하는 항구를 갖고 있듯이 마음속에도 명확한 그림이 항시 간직되어 있어야 한다. 항상 그곳으로 얼굴을 향하고 있어야 한다. 키를 잡은 선장이 나침반을 보는 것처럼 그 그림을 항상 보고 있어야 한다.

집중 훈련을 받는다거나, 기도나 증언의 특별한 시간을 갖는다거나, 침묵 속에 들어가거나 어떤 종류의 마술적 기행을 행할 필요는 없다.

그런 것을 행하는 것도 물론 좋다. 그러나 필요한 것은 자신이 원하는 것을 알고, 그것이 머릿속에 계속 머물 때까지 원하는 마음을 잃지 않는 것뿐이다. 쉬는 시간에 그 영상을 될 수 있는 대로 많이 생각하라. 자신이 진정으로 원하는 것을 영상화하는 데에 훈련이 필요한 것은 아니라는 사실을 명심하라. 그것에 집중하는데 특별한 노력을 필요로 한다면 그것은 당신이 진정으로 소중하게 생각하는 것이 아니라는 뜻이다.

부자가 되고자 하는 욕망이 강하지 않아서, 나침반의 바늘을 움직이는 극점의 자력처럼 목적에 생각을 고정시키는 것이 힘들다면 이 책에 쓰인 지침을 애써 행할 필요가 없다. 여기서 제시하는 방법들은 부자가 되고픈 욕망이 매우 강해 정신적 게으름과 안이함을 극복하려는 사람들을 위한 것이다.

마음속에 그린 그림이 뚜렷하고 확고할수록 거기에 대해 생각하는 시간이 많아질 것이고 자신이 원하는 그림에 마음을 고정시키기가 쉬워진다. 그러나 단순히 명확한 그림을 보는 것 말고도 필요한 게 더 있다. 그림을 보기만 한다면 공상가에 지나지 않고 그 일을 해내려는 힘이 없어지게 된다. 그 목적 뒤에는 그것이 이미 내 것이라는 불굴의 신념이 있어야 한다. 그것이 이미 가까운 곳에 있어서 움켜쥐기만 하면 된다고 생각해야 한다. 새 집이 물리적으로 생기기 전에 정신적으로 그 집에 살고 있어야 한다. 마음의 왕국에서 원하는 것들을 마음껏 즐기며 살아야 한다.

"너희가 기도할 때에 무엇이든지 믿고 구하는 것은 다 받으리라."

예수그리스도의 말씀이다.

자신이 원하는 것이 주변에 실제로 있다고 생각하라. 그것을 사용하는 모습을 떠올려라. 그것을 실제로 갖게 되었을 때 사용하는 것처럼 상상 속에서 그 물건을 사용하라. 마음속에 그린 그림이 뚜렷하게 나타날 때까지 생각하라. 그런 다음 그 그림 속에 들어있는 모든 것의 주인 같은 태도를 지녀라. 실제로 자기 것이라는 강한 신념을 가져야 한다. 정신적인 주인의식을 굳게 지키고 그것이 사실이라는 생각에 일순간도 흔들림이 있어서는 안된다.

그리고 감사에 대한 7장의 내용을 잊지 말라. 자신이 바라는 것을 얻었을 때처럼 항상 감사하라. 상상 속에서만 소망한 것에 대해서도 신에게 감사하는 인간은 진정으로 믿음을 가진 사람들이다. 그 사람은 부자가 될 것이다. 그 사람은 원하는 모든 것을 창조해 낼 것이다. 갖고 싶은 것에 대해 반복적으로 기도할 필요는 없다. 매일 신에게 그것에 대해 말할 필요는 없다.

"이교도들처럼 헛되이 반복하지 말라. 아버지는 너희가 요구하기 전에 너희에게 필요한 것이 무엇인지 알고 계신다."

예수가 제자들에게 한 말이다.

우리가 할 일은 삶을 풍족하게 할 우리의 소망을 뚜렷한 모습으로 다듬고 이 소망을 조리 있게 전체의 모습으로 정리하는 것이다. 그런 다음 우리가 원하는 것을 가져다줄 의지와 힘을 지닌 무형 물질 위에 이 전체적 소망을 각인시켜야 한다. 무수한 단어들을 늘어놓음으로써 소망을 각인시키는 것이 아니라 그것에 도달할 흔들리지 않는 목적과 믿음을 지닌 뚜렷한 영상으로써 각인시키는 것이다.

기도에 대한 응답은 그것을 말할 때의 믿음에 따라오는 것이 아니라 일할 때의 믿음에 따라온다. 자기가 바라는 것을 특별한 안식일에 말하고 평일에는 잊는다면 신의 마음에 영상을 각인시킬 수 없다. 다음 안식일이 올 때까지 기도하지 않는다면 아무리 독방에 들어가 기도를 한다고 해서 영상을 각인시킬 수 없다. 소리 내어 기도를 하는 것은 마음속의 영상을 명확히 하고 믿음을 강화시켜 줄 수는 있겠지만 원하는 것을 가져다주는 것은 아니다.

부자가 되기 위해서는 기도의 시간이 필요한 것이 아니라 쉬지 말고 기도 하는 것이 필요하다. 그리고 자신이 원하는 것을 견고한 형태로 만들어낸다는 목적을 가지고, 또한 그것을 이루어낼 수 있다는 믿음을 가지고 기도해야 한다. 다시 말해 비전을 굳게 간직해야 한다.

"믿으라, 그리하면 받으리라."

일단 비전을 명확하게 했다면, 이제 그것을 얻는 것이 문제이다. 형상을 이루었다면 신을 향해 경건한 마음으로 소리 내어 기도할 수 있다. 그 순간부터 우리가 요구한 것을 마음으로 받아야 한다.

새집에 살고, 좋은 옷을 입고, 자동차를 타고, 여행을 떠나고, 당당하게 더 멋진 여행을 계획한다. 실제로 주인이 된 것처럼 요구한 모든 것을 생각하고 말한다. 희망했던 환경과 재정 조건을 상상하고 바로 그 모습으로 살아간다.

그러나 공상에 그치면 안 된다는 것을 명심하라. 상상 속의 세계가 현실화된다는 믿음을 갖고 그것을 현실화하려는 목적을 기억하라. 과학자와 몽상가의 다른 점은 상상을 활용하는 데 있어서 믿음과 결의에 있다는 사실을 잊지 마라.

이 사실을 깨달았다면 이제 의지를 올바르게 사용하는 법을 배워야 한다.

09

마음이 옳은 길로 향하도록
의지력을 사용하라

과학적인 방법으로 부자가 되기 위해서는 자기 자신 이외의 어떤 것에도 의지력을 사용하면 안 된다. 우리에게는 그럴 권리가 없다. 자신의 의지를 다른 사람에게 적용해, 자신이 원하는 방향으로 그들이 행동하기를 바라는 것은 옳지 않다.

정신적인 힘으로 사람을 지배하려는 것은 물리적인 힘으로 억압하는 것만큼 잘못된 짓이다. 물리적인 힘으로 사람을 억압하는 것이 그들을 노예로 만드는 것이라면, 정신적인 힘으로 그들을 억압하는 것 역시 똑같은 결과를 만든다. 차이가 있다면 방법 뿐이다. 물리적인 힘으로 누군가의 물건을 빼앗는 것이 강탈이 라면 정신적인 힘으로 물건을 빼앗는 것 역시 강탈이다. 원칙에 는 아무 차이가 없다.

부자가 되는 과학은 어떤 식으로도 당신의 힘이나 권력을 다 른 사람에게 적용시키기를 요구하지 않는다. 그렇게 할 필요성 이 조금도 없다. 다른 사람에 대한 의지력의 사용은 자신의 목 적이 좌절되는 결과만 가져올 뿐이다. 원하는 사물이 자신에게 오기를 바라며 의지를 적용시킬 필요는 없다. 그것은 신을 지배 하려는 시도이고, 불손할 뿐 아니라 어리석고 쓸모없는 일이다.

신에게 좋은 것을 달라고 강요할 필요는 없다. 의지력을 사용 해 불경스러움을 누른다든지 고집스럽고 반항적인 힘을 굴복시 킬 필요도 없다. 의지력을 사용하지 않아도 해가 떠오르는 것과 마찬가지로 좋은 것을 얻게 될 것이다.

생각하는 물질은 우호적일 뿐 아니라 당신이 얻고자 하는 것 이상을 주려고 노심초사하고 있다. 부자가 되기 위해서는 의지 력을 자기 자신에게만 사용하면 된다. 무엇을 생각하고 어떤 행동을 해야 할지 알았다면, 자기 자신에게 국한된 옳은 일을 하기 위해서 의지력을 사용해야 한다. 그것이 원하는 것을 얻기 위한 의지의 올바른 사용이다. 그렇게 해야만 자신을 옳은 길로 인도할 수 있다.

자기 자신에 국한된 의지력으로 특정한 법칙에 따라 생각하고 행동하라. 의지, 사고, 마음이 자신을 벗어나 다른 사람이나 사물에게 향하지 않도록 하라. 자신의 마음을 집안에 두어야 한다. 집안에 있을 때 가장 많은 성과를 발휘한다.

자신이 원하는 것의 영상을 마음속에 그리고, 믿음과 목적의식을 갖고 그것을 지킨다. 마음이 옳은 길로 향하도록 의지력을 사용한다. 믿음과 목적의식이 견고하고 지속적일수록 부자가 되는 속도가 빨라진다. 무형 물질 위에 긍정적인 모양만을 각인시키기 때문이다. 부정적인 각인으로 긍정적인 모양의 효과를 감소시키지 말아야 한다. 무형 물질은 우리의 소망을 담은 그림을 받아들여 먼 거리로 어쩌면 전 우주로 보낸다. 이 각인이 넓게 퍼지면서 실현을 향해 움직이기 시작한다. 생물, 무생물, 아직 만들어지지 않은 사물까지 우리가 원하는 것으로 만들어지기 위해 모두 동요한다. 모든 힘이 그 방향으로 작동하기 시작한다. 여러 곳에 퍼져 있는 사람들의 마음이 우리가 원하는 것을 만드는 데 필요한 일들을 하기 위한 방향으로 움직인다. 무의식적으로 우리를 위해 일한다.

그러나 처음부터 무형 물질에 부정적인 각인이 새겨지면 이 모든 것들이 중단돼 버릴 수 있다. 믿음과 목적의식이 우리를 향한 움직임을 시작하게 하는 힘만큼 의심이나 불신은 그것이 우리로부터 멀어지게 하는 힘을 지니고 있다. 이 사실을 이해하지 않고서는 부자가 되기 위한 정신과학의 사용을 시도하는 데에 있어 실패할 가능성이 크다. 의심과 두려움의 눈길을 보내는 매 순간마다, 걱정으로 보내는 매 시간마다, 불신에 사로잡혀 있는 그 시간마다, 지혜로운 물질은 모든 영역에서 멀어진다.

"믿는 자들에게만 약속이 이루어지리라."

예수는 그와 같이 말하며 믿음의 중요성을 강조했다. 그 이유가 무엇인지 이제 알 수 있을 것이다. 믿음의 중요성이 그토록 큰 만큼 생각을 단단히 보호하는 것은 우리의 의무이다.

믿음이 무엇보다 중요하기 때문에 당신의 생각을 세심하게 관리해야 한다. 또한 믿음은 당신이 무엇을 보고 무엇을 생각하느냐에 따라 크게 좌우되기 때문에 당신의 주의를 어디에 집중하느냐 하는 것이 대단히 중요하다. 이때 필요한 것이 의지이다. 어디에 주의를 집중할지 결정하는 것이 바로 의지이기 때문이다.

부자가 되고 싶다면 가난을 연구해서는 안 된다. 반대되는 것을 생각함으로써 원하는 것을 얻을 수는 없다. 질병을 연구하고 질병에 대해 생각함으로써 건강이 얻어지지 않는다. 죄를 연구하고 죄에 대해 생각함으로써 정의가 바로 서는 것도 아니다. 따라서 가난을 연구하고 생각함으로써 부자가 된 사람은 지금까지 없었다. 병리학으로서의 의학은 질병을 더 증가시켰다. 빈곤을 연구하는 경제학은 세상을 더 비참하고 열악한 곳으로 만들었다.

가난에 대해 말하지 마라. 가난을 연구하지도 말고 그것에 대해 걱정하지도 마라. 그 원인이 무엇일지 고민하지도 마라. 당신은 그것과 아무 연관이 없다. 걱정해야 할 것은 그것의 치료다.

자선 사업이나 자선 봉사에 시간을 소비하지 마라. 모든 자선은 가난을 뿌리 뽑고자 하는 것이지만 도리어 비참함을 지속시켜 줄 뿐이다. 도움의 요청에 귀를 막는 무자비한 사람이 되어야

한다는 뜻은 아니다. 전통적인 방법으로 가난을 박멸하려 해서
는 안 된다는 것이다.

가난을 뒤로 하라. 가난과 관련된 모든 것을 뒤로하고 목적을
성취하라. 가난의 그림을 마음속에 채우고 있으면 부자가 되는
데에 필수석인 정신적인 영상을 지키기 힘들다.

빈민촌의 열악함이나 아동 노동력 착취 등의 책이나 글을 읽
지 마라.

빈곤함과 고통의 어두운 영상으로 마음을 채우는 그 어떤 것도
읽지 마라. 그러한 사실을 안다고 해서 가난한 자들을 도울 수
있는 것은 아니다. 열악한 환경에 대한 폭넓은 지식이 빈곤을 박
멸하는 것은 아니다.

가난함의 영상으로 마음을 가득 채우기를 거절한다고 해서, 가
난한 사람들을 불행 속에 버려두는 것은 아니다. 빈곤은 빈곤에
대해 연구하는 선한 사람들이 많아짐으로써 해결되는 것이 아니
라, 가난한 사람들이 믿음과 목적의식으로 부자가 되는 수가 증
가함으로써 해결된다.

가난은 자선을 필요로 하지 않는다. 그들에게는 영감이 필요

하다.

자선은 그들을 비참함에서 구해주는 일 없이 빵 한 조각을 주거나 한두 시간 동안 자신의 처지를 잊도록 여흥을 줄 뿐이다. 그러나 영감은 그들이 비참함 속에서 스스로 일어나도록 만들어준다. 가난한 자를 돕는 최선의 방법이다. 이 세상에서 빈곤이 자취를 감추는 유일한 길은 이 책의 가르침을 실천하는 사람들의 숫자가 계속적으로 늘어나는 것이다.

이 책은 경쟁에 의해서가 아니라 창조에 의해서 부자가 된다는 가르침을 준다. 경쟁에 의해 부자가 된 사람들은 자신이 올라온 사다리를 발로 차서 다른 사람들이 올라오지 못하게 한다. 그러나 창조에 의해 부자가 된 사람들은 수천 명을 위한 길을 열어주고 그들에게 똑같은 일을 할 수 있다는 자신감을 준다.

가난을 동정하지 않고, 그것에 대한 말이나 생각을 하지 않고, 그것에 귀 기울이지 않는다고 해서 당신이 무정하거나 냉혹한 사람이라고 할 수는 없다. 의지력으로 가난을 마음속에서 털어내고, 오로지 당신이 원하고 이미 창조하고 있는 비전에 대한 믿음과 결의에 집중하라.

10

긍정은 모든 성공의 부모다

외부의 것이든 상상의 것이든 부정적인 것에 계속적으로 주의를 기울이면 부의 명확한 영상을 간직할 수 없다.

과거에 겪었던 재정적 곤란을 사람들에게 말하지 말라. 그것을 아예 생각하지도 마라. 부모의 빈곤이나 초년 시절 힘겨웠던 생활을 사람들에게 이야기하지 마라. 일시적으로라도 자신을 빈곤층으로 분류되게 하지 마라. 그것은 당신을 향해서 다가오는 부의 흐름을 저지할 것이다.

"죽은 자들의 장례는 죽은 자에게 맡기라."

예수그리스도가 말했다.

가난과 관련된 모든 것을 완벽하게 멀리하라. 당신은 우주가 올바른 존재라는 특정한 법칙을 받아들였고 그것이 옳다는데 모든 희망을 걸었다. 그런데 상반되는 이론에 눈길을 돌려 얻을 게 무엇이 있겠는가?

지구가 곧 종말을 맞는다는 소리에 귀 기울이지 말라. 헛소문을 퍼뜨리는 자들과 비관론자들은 세상이 악마의 손에 들어가 파괴된다고 말하지만 그것은 사실이 아니다. 세상은 신의 손에 있다. 아름답고 놀라운 세상이다.

좋지 않은 일들이 많이 일어나는 것은 사실이다. 그러나 스쳐 지나갈 것이 분명한 것들을 연구하는 것은 소용없는 일이다. 또한 그것을 연구하는 것은 좋지 않은 일들을 내보내지 않고 우리 곁에 남아있게 할 뿐이다. 성장과 진화에 의해 제거될 것들에 관심을 기울여 시간을 낭비할 이유는 없다. 성장과 진화를 촉진시키는 것만이 좋지 않은 것들의 제거를 앞당길 수 있다.

특정한 나라나 특정한 지역에서 일어나는 상황이 아무리 끔찍하다 해도 그것에 대한 고민은 우리 자신의 기회를 파괴하고 시간을 낭비하는 것이다.

당신은 세상이 부유하게 되어가는 것에만 관심을 기울여야 한다. 이 세상에서 없어지게 될 가난 대신에 곧 맞게 될 부에 대해 생각하라. 증가되는 부의 세상에서 소외되지 않는 유일한 길은 경쟁적인 방법이 아닌 창조적인 방법으로 스스로 부자가 되는 것이다.

가난을 무시하고 오로지 부에만 관심을 쏟아라. 가난한 자들과 이야기하거나 그들을 생각할 때 그들이 곧 부자가 될 이들이라 생각하고 이야기하라. 동정보다는 축하를 받아야 될 사람들인 것처럼 생각하라.

그러면 그를 비롯한 여러 사람들이 영감을 받고 가난을 헤쳐나갈 길을 찾기 시작할 것이다.

진정한 부자가 되는 것은 인생에서 성취할 수 있는 가장 고귀한 목표이다. 그것이 다른 모든 것을 포함하기 때문이다.

경쟁적인 생각을 가진 투쟁은 다른 사람을 밟고 올라서려는 불경한 쟁탈전이다. 그러나 창소적인 생각으로 접근하면 모든 것이 달라진다.

부자가 되는 과정에 위대함과 영혼의 해방과 봉사와 고귀한 노력이 있다. 그 모든 것이 물질을 사용함으로써 가능한 것이다.

부자가 되느냐의 여부에 따라 건강을 얻을 수도 그렇지 못할수도 있다. 재정적 어려움으로부터 탈출한 사람만이 기본적인 생존이 가능하고, 위생적인 습관을 가진 사람만이 건강을 누리고지속시킬 수 있다. 정신과 영혼의 위대함은 생존의 치열함을 넘어선 사람들에게만 가능하다.

창조적인 생각으로 부자가 되는 사람만이 저급한 경쟁으로부터 자유롭다. 평안한 몸에 깃든 마음은 아름다움을 추구하고, 고차원적인 사고를 하며, 타락으로부터 자유롭다. 그곳에 최상의사랑이 꽃 핀다는 사실을 명심하라. 이들은 경쟁적인 생각이나투쟁이 아닌 창조적인 생각의 실행에 의해 부가 도달하는 곳에서만 발견된다.

반복하지만 부자가 되는 것만큼 위대하고 고귀한 목표는 없다.

마음을 부의 정신적 그림에 집중시키고 영상을 흐리게 하는 모든 것을 배제시켜라. 모든 사물의 내면에 깔린 진실을 보는 법을배워야 한다. 충만한 발현과 완전한 행복을 위해 잘못된 겉모습을 꿰뚫고 움직이는 위대한 생명을 보아야 한다.

가난 같은 것은 이 세상에 없다. 오직 풍요로운 부만이 존재할 뿐이다. 가난하게 사는 사람들 중 일부는 자신을 위한 부가 있다는 사실을 모르기 때문에 그 상태로 있는 것이다. 나 자신이 풍요로워지는 것이 그들을 가장 효과적으로 가르치는 방법이다.

어떤 이들은 출구가 있다고 느끼면서도 정신적으로 나태해 그 길을 찾으려 하지 않는다. 그런 사람들을 위한 최선의 길은 당신 스스로 부자가 되는 모습을 보여줌으로써 부에 대한 욕구를 일으키는 것이다. 또 다른 어떤 이들은 과학적 개념을 갖고 있으면서도 극히 추상적이고 난해한 이론에 물들어 있어 어느 길로 가야 할지 모르는 사람들이다. 이들은 여러 체계의 혼합된 방법을 시도하다가 모두 실패한다. 이들에게 가장 좋은 것은 당신이 몸소 부자가 되는 과정과 모습을 보여주는 것이다. 한 가지 실천이 100가지 이론보다 낫다.

세상을 위해 당신이 할 수 있는 최선의 일은 당신 자신을 최상으로 만드는 것이다. 당신 스스로 부자가 되는 것이야말로 가장 효과적으로 신과 인류에게 봉사하는 길이다. 단 경쟁적인 방법이 아닌 창조적인 방법으로 부자가 되어야 한다.

또 한 가지 나는 이 책이 부자가 되는 과학적인 방법을 상세하게 기술했다고 생각한다. 이 주제에 관한 한 다른 책을 읽을 필요가 없다. 편협하고 독선적인 소리로 들릴지 모르겠다. 그러나 수학의 계산법에 더하기, 빼기, 곱하기, 나누기 이외의 방법은 없듯이 다른 방법은 없다. 두 점 사이에 존재하는 가장 짧은 지름길은 하나밖에 없다.

과학적으로 사고하는 유일한 길은 목표를 향한 가장 직접적이고 가장 단순한 방식을 찾는 것이다. 이 책에서 설명한 것보다 짧고 단순하게 체계를 이룬 책은 지금까지 없었다. 이 방법을 시작하면 다른 것은 모두 제쳐두어야 한다. 다른 방법들은 모두 마음에서 지워버려라.

이 책을 매일 읽어라. 항상 몸에 지니고 다녀라. 외울 정도로 읽어라. 다른 체계나 이론은 생각하지 마라. 그렇게 하지 않으면 의심이 침투하기 시작해 생각을 불안정하게 만든다. 그 순간 무형 물질에 부정적인 생각이 침투하는 것이다.

훌륭하게 실천해 부자가 된 후에는 마음대로 다른 이론을 공부

해도 좋다. 그러나 원하는 것을 얻었다고 자신 있게 말할 수 있을 때까지는 이 주제에 관한 한 '서문'에 언급된 저자의 저서들 외에는 읽지 마라.

뉴스 중에서도 당신이 그린 그림과 조화를 이루는 기장 낙관적인 것들만 보고 들어라. 또한 초자연주의 공부는 뒤로 미루어라. 심령론 따위는 관심을 기울이지 마라. 죽은 자가 아직 우리 곁에 있다는 살아있을지 모르는 일이지만, 그것이 사실이라 하더라도 신경 쓰지 마라. 오로지 자신에게만 집중하라.

죽은 자의 영혼이 어디에 있든 그들은 스스로 할 일이 있을 터이고 나름대로 해결할 문제가 있을 것이다. 그들을 간섭할 권리가 우리에게는 없다. 우리는 그들을 도울 수도 없다. 그들이 우리를 도울 수 있는지 매우 의심스러울뿐더러 그럴 수 있다 해도 우리에게 그들의 시간을 빼앗을 권리가 있는지 알 수 없다. 그들이 죽음의 세계에만 있도록 놔두어야 한다.

우리 자신의 문제, 즉 부자가 되는 것에만 몰두해라. 초자연주의에 얽히기 시작하면 정신적 역류가 일어나 희망의 배가 난파되는 결과로 이어지게 된다.

지금까지 살펴본 내용을 다음과 같은 기본 사실로 정리해 보자.

생각하는 물질이 있다. 그것은 만물의 근원이며 우주의 모든 공간을 침투해 스며들고 가득 채웠다.

이 물질 속에 생각이 깃들면 그 생각대로 형태가 만들어진다.

인간은 생각으로 어떤 것들의 형태를 만들어낼 수 있다. 무형 물질에 자신의 생각을 각인함으로써 생각한 것을 창조할 수 있다.

이를 위해서는 경쟁적인 마인드가 창조적인 마인드로 바뀌어야 한다. 자신이 원하는 것의 선명한 그림을 그려야 한다. 그리고 그것을 손에 넣기 위해서는 확고한 목적의식과 함께 이 그림을 머릿속에 간직해야 하며 그것을 얻겠다는 믿음을 가져야 한다. 동시에 목적의식에 영향을 주거나, 비전을 흐리거나, 믿음을 꺾을 만한 모든 것을 철저히 멀리해야 한다.

11

생각에 의해 원하는 것이 당신에게 온다

생각은 행위에 이르는 창조적인 힘을 유발하는 추진력이다. 특정한 방식의 생각은 부를 가져오겠지만, 행동하지 않고 생각에만 의존해서는 안 된다. 생각에만 의존하는 것은 많은 과학적, 형이상적 사상가들이 생각과 행동의 연결에 실패해서 난파를 당했던 것과 같다.

인류는 자연의 생성 과정이나 수공업 없이 무형 물질로부터 직접 사물을 만들어내는 발전 단계까지 이르지 못했다. 따라서 인간은 생각과 동시에 행동을 해야 한다. 생각에 의해 산속에 묻힌 금이 당신에게 다가오게 만들 수는 있다. 그러나 금이 스스로 광산을 만들고 세공하고 동전을 새겨 당신의 주머니에 들어올 수는 없다.

초월적 힘의 거센 추진력에 의해 금광이 당신에게 다가오도록 세상일이 만들어질 것이다. 누군가의 비즈니스 거래로 금이 당신에게 전달될 수도 있다. 당신은 자신의 사업을 조절해 그런 기회가 왔을 때 금을 받아야 한다. 당신의 생각은 모든 것에 생명을 불어넣기도 하고, 활력을 빼앗기도 하며, 원하는 것을 가져오기도 한다. 그러나 행위가 있어야만 원하는 것이 왔을 때 정확하게 받을 수 있다. 그것을 거저 받아서도 훔쳐서도 안 된다. 다른 사람들이 현금 가치로 지불하는 것보다 많은 사용 가치를 주어야 한다.

생각을 과학적으로 활용하려면 원하는 것의 분명한 비전을 가지고, 그것을 얻겠다는 의지를 굳게 하며, 감사하는 마음과 믿음을 통해 그것을 얻을 수 있다는 것을 깨달아라.

신비주의나 초자연적인 방식으로 원하는 것을 얻으려는 생각을 버려라. 이런 것은 시간 낭비일 뿐 아니라 신성한 생각의 힘을 약화시킨다.

부자가 되기 위한 생각의 작용에 대해서는 충분히 설명했다.

믿음과 목적의식으로 생명의 욕구를 지닌 무형 물질에 자신의 비전을 각인시켜야 한다. 이 비전은 모든 창조력을 작동시키고 행위의 질서 있는 통로를 통해 우리에게 다가온다. 창조적인 과정을 인도하거나 감독하는 것은 당신이 할 일이 아니다. 당신이 할 일은 비전을 간직하고, 흔들리지 않는 목적의식을 지니고, 믿음과 감사를 잊지 않는 것이다.

그러나 원했던 것이 다가왔을 때 자기 것으로 만들고, 비전 속에 있는 것을 받아들이고, 적절한 장소에 배치하기 위해서는 특정한 방식의 '행동'이 필요하며, 그것을 원하는 자리에 두어야 한다.

당신은 이 말이 옳다는 것을 쉽게 알 수 있다. 뭔가가 당신에게 다가올 때, 그것은 이미 누군가의 소유일 것이고, 그 사람은 당신에게 그에 상응하는 대가를 요구할 것이다. 결국 당신은 그 사람에게 주어야 할 것을 주어야만 당신에게 온 것을 얻을 수 있다.

노력이 없으면 당신의 지갑이 항상 돈으로 가득 채워질 수 없다. 받는 행위는 부자가 되는 법의 매우 중요한 포인트이다. 바로 그곳에서 생각과 행동이 결합되어야 한다.

의식적으로든 무의식적으로든 많은 사람들은 힘과 끈질긴 욕망으로 창조력을 가동한다. 그러나 원하는 것이 다가왔을 때 그것을 받을 준비가 되어있지 않기 때문에 그들은 계속 가난하다.

생각에 의해 원하는 것이 당신에게 온다. 행동에 의해 그것을 받는다. 이제 어떤 행동이 되었든 그것이 있어야 하는 것은 자명하다.

과거에서는 행동할 수가 없다. 마음속에서 과거를 몰아내고 비전을 명확하게 하는 것이 중요하다. 미래는 아직 오지 않았기 때문에 미래에서 행동할 수는 없다. 어떤 일이 생기기 전에는 미래의 사건에 대해 어떻게 행동을 취하고 싶은지 말할 수 없다.

자신에게 맞는 사업이나 환경 속에 있지 않기 때문에 그렇게 될 때까지 행동을 미루어야 한다고 생각하지 마라. 또한 미래에 일어날지도 모를 위급 상황에 대비해 미리 계획을 세우느라 시간을 낭비하지 마라.

어떤 상황이 닥치더라도 대응할 능력이 있다는 믿음을 가져라. 미래에 일어날 일에 마음을 쓰면서 현재의 행동을 한다면 그 행동은 마음과 합일된 것이 아니기 때문에 효과적이지 않다. 현재의 행동에 온 신경을 집중하라.

창조적인 충동을 근본 물질에 전달한 뒤 그저 가만히 앉아 결과를 기다리지 마라. 그러면 절대 결과를 얻을 수 없다.

지금 행동하라.

다른 시간은 없다. 오직 지금뿐이다. 원하는 것을 받기 위한 준비를 시작해야 한다면 지금이 바로 그때이다.

행동은 현재의 사업이나 직장에서 이루어져야 하며 현재 주변에 있는 사람이나 사물에 행해져야 한다. 자신이 있지도 않은 곳에서 행동할 수는 없다. 전에 있었던 곳에서 행동하거나 앞으로 있을 곳에서 행동할 수는 없다. 오직 지금 있는 곳에서 행동할 수 있다.

지나간 일의 잘잘못을 따지지 말고 오늘 일을 잘하라.

내일 할 일을 오늘 하려고 하지 마라. 내일이 오면 그 일을 할 충분한 시간이 있을 것이다. 자신의 손이 미치지 않는 곳에 있는 사람이나 사물에 대한 행동을 위해 신비주의나 초자연적인 수단을 쓰려고 하지 마라.

행동하기 전에 환경이 비뀌기를 기다리지 마라. 행동을 통해 환경이 바뀌게 하라.

현재의 환경 속에서 행동하는 것이 발전된 환경으로 자신을 이동시켜 준다. 발전된 환경 속의 자신의 비전을 믿음과 목적의식을 갖고 지키되, 전심전력으로 현재의 환경 속에서 행동하라.

잠시라도 몽상하지 말라. 원하는 하나의 비전을 간직하고 지금 행동하라.

부자가 되는 첫걸음을 떼기 위해 새롭고 독특하고 눈에 띄는 행동을 하려 하지 마라. 시간이 지나면 십중팔구 전과 똑같은 행동을 하게 될 것이다. 그러나 지금은 당신을 분명히 부자로 만들어 줄 특정한 법칙에 따라 행동하라.

지금 운영 중인 사업이 자신에게 맞지 않는다고 해서 맞는 사업이 나타날 때까지 기다리지 마라. 잘못된 자리에 있다는 이유로 의기소침하거나 슬퍼하며 가만히 있지 마라. 처음부터 자신에게 맞는 자리를 찾는 사람은 없다. 그리고 자신과 맞지 않는 사업을 오랫동안 했다고 해서 원하는 새로운 사업을 시작하지 못하게 되는 법은 없다.

확고한 목적의식과 믿음을 갖고 자신에게 맞는 일의 비전을 간직하라. 그러나 행동은 현재의 사업 속에서 하라. 더 나은 사업을 이루는 수단으로 현재의 사업을 이용하라. 발전된 환경에 들어갈 수단으로 현재의 환경을 이용하라. 자신에게 맞는 사업의 비전이 믿음과 목적의식으로 간직되어 있다면 초월적 힘이 그 사업을 당신에게 가져다줄 것이다. 그리고 특정한 법칙에 따른 행동 덕분에 그쪽으로 다가갈 것이다.

당신이 어느 직장에 다니고 있는데 원하는 것을 얻기 위해 직장을 옮겨야 한다고 생각한다면, 허공에 생각을 투영시키거나 거기에 의존하지 마라. 실패할 확률이 높다.

원하는 자리에서 일하는 당신의 모습을 영상화하고 현재의 자리에서 생각과 목적의식을 갖고 행동하라. 그러면 분명히 원하는 자리를 얻을 것이다. 당신의 비전과 믿음은 원하는 것이 다가오도록 창조력을 가동시킨다. 당신의 행위는 현재의 환경 속에서 원하는 환경으로 밀어주는 힘을 유발시킨다.

마지막으로 기본 원칙에 또 다른 원칙을 덧붙여 정리해 보자.

생각하는 물질이 있다. 그것은 만물의 근원이며 우주의 모든 공간을 침투해 스며들고 가득 채웠다.

이 물질 속에 생각이 깃들면 그 생각대로 형태가 만들어진다.

인간은 생각으로 어떤 것들의 형태를 만들어낼 수 있다. 무형 물질에 자신의 생각을 각인함으로써 생각한 것을 창조할 수 있다.

이를 위해서는 경쟁적인 마인드가 창조적인 마인드로 바뀌어야 한다. 자신이 원하는 것의 선명한 그림을 그려야 한다. 그리고 그것을 손에 넣기 위해서는 확고한 목적의식과 함께 이 그림을 머릿속에 간직해야 하며 그것을 얻겠다는 믿음을 가져야 한다. 동시에 목적의식에 영향을 주거나, 비전을 흐리거나, 믿음을 꺾을 만한 모든 것을 철저히 멀리해야 한다.

원하는 것이 왔을 때 그것을 받으려면, 현재의 환경에서 주변에 있는 사람들과 사물에 영향을 미치는 행동을 '지금' 여기에서 해야 한다.

12

모든 행동을 효과적으로 하라

생각의 활용은 앞서 설명한 바대로 해야 한다. 행동은 지금 있는 곳에서 할 수 있는 것으로 시작해야 하며, 지금 있는 곳에서 할 수 있는 모든 것을 해야 한다.

지금 있는 자리에서 약간의 진보를 이룰 수 있을 것이다. 그리고 그 자리를 유지할 수 있는 일을 전혀 하지 않은 채 더 나은 자리로 가는 사람은 없다. 지금의 자리를 단지 채우는 것에 끝나지 않고, 그 이상의 일을 하는 사람들에 의해 세상은 발전한다.

자기의 자리에 충실한 사람이 한 명도 없다면 모든 것은 후퇴

할 것이다. 현재 위치에서 충실하지 않은 사람들은 사회, 정부, 경제에 짐을 더해줄 뿐이다. 다른 사람들이 큰 경비를 들여 그들을 이끌어가야 한다.

세상이 더디게 발전하는 것은 오직 자신의 자리에서 충실하지 않은 사람들 때문이다. 그들은 낮은 발달 단계에 속해 있다. 그들의 태도는 퇴보를 향한 것이다. 각 개인이 자신의 직분에 충실하지 못하면 그 사회는 진보할 수 없다. 사회의 진보는 신체적, 정신적 발전 법칙에 의해 이끌어지기 때문이다.

동물 세계에서 발전은 생명의 차고 넘침에 의해 일어난다. 하나의 생명체가 자신의 수준에서 표현되는 기능보다 많은 생명력을 가졌을 때 높은 수준의 기관이 발달하게 되고 새로운 종이 탄생한다. 자신의 자리를 채우는 것 이상의 기능을 수행하는 생명체가 없다면 새로운 종은 생겨나지 못할 것이다. 우리에게도 똑같은 법칙이 적용된다. 부자가 되는 것은 이 원칙을 자신에게 적용하느냐의 여부에 달려있다.

매일매일은 성공의 하루 혹은 실패의 하루이다. 원하는 것을 얻는 날은 성공적인 날이다. 매일 실패가 계속된다면 절대 부자가 될 수 없지만, 매일 성공이 계속된다면 부자가 될 수밖에 없다.

오늘 해야 할 일이 있는데 하지 않는다면 그 일에 관한한 실패한 것이다. 그리고 결과는 생각보다 훨씬 심각해질 수 있다.

매우 사소한 것이라도 결과는 뜻밖에 커질 수 있다. 가동된 모든 힘들이 어떤 식으로 작용할지 알 수 없기 때문이다. 단순한 행동 하나에 많은 것이 의존해 있을지도 모른다. 커다란 가능성을 향한 기회의 문이 바로 그 일일지도 모른다.

초월적 힘이 세상사와 인간사를 어떻게 만들고 조합하는지 모두 알 수는 없다. 작은 일에 대한 무시나 실패가 원인이 되어 원하는 것을 늦게 얻는 결과가 생길 수도 있다.

매일같이, 그날 할 수 있는 일은 그날 모두 하라. 그러나 여기에도 고려해야 할 한계와 조건이 있다. 최단 시간 내에 많은 양의 일을 하기 위해 과다하게 일을 해서는 안 된다.

내일 일을 오늘 하거나 일주일 동안 할 일을 하루에 해치워서는 안 된디. 중요한 것은 일의 양이 아니라 각 행동의 효율성이다. 모든 행동은 효율적인 것과 비효율적인 것으로 나뉜다. 모든 비효율적인 행동은 그 자체로서 실패이기 때문에, 평생 비효율적인 행동은 하면 할수록 좋지 않은 결과만 가져다준다.

한편 모든 효율적인 행동은 그 자체로서 성공이기 때문에 평생 효율적인 행동만 한다면 당신은 틀림없이 성공한다. 실패의 원인은 비효율적인 태도로 많은 일을 하고, 효율적인 일은 충분히 하지 않아서이다. 비효율적인 행동을 조금도 하지 않고 효율적인 행동을 충분히 한다면 부자가 된다.

이것은 논리적 명제이다. 각 행동을 효율적으로 하는 것이 가능하다면 부자가 될 수 있다는 것이다. 부자가 되는 법이 수학 같은 정밀과학의 범위 안에 들어간다는 것을 이것으로 다시 한 번 확인할 수 있다.

이제 문제는 각 행동을 성공으로 만들 수 있느냐의 여부이다. 답은 분명히 할 수 있다는 것이다. 신은 우리와 함께 있고 그는 실패할 수 없기 때문에, 우리는 각 행동을 성공적으로 할 수 있다. 초월적 힘은 우리 마음대로 쓸 수 있다. 각각의 행동을 효과적으로 만들기 위해서는 자신의 내적 힘에 맡기면 된다.

모든 행동은 강하거나 약하거나 둘 중 하나이다. 모든 행동이 강하면 부자로 만들어줄 특정한 방식으로 행동하는 것이다. 모든 행동이 강하고 효율적이기 위해서는 행동을 하는 동안 자신이 만든 비전을 놓치지 말아야 한다.

그러기 위해서는 믿음과 목적의식을 잊지 말아야 한다. 정신력과 행동을 합일시키지 못한 사람은 실패한다. 같은 시간, 같은 장소에 정신력과 행동이 함께 있지 못한 것이다. 따라서 그의 행동은 그 자체로 성공적이지 않았고 비효율적인 것이 너무 많았던 것이다. 그러나 모든 행동에 초월적 힘을 동반시키면 자체로 성공적인 행동이 된다. 모든 성공은 다른 성공으로의 길을 열어준다.

자신이 원하는 것을 향한 진보와 움직임은 계속해서 빨라지게 된다.

성공적인 행동은 결과에 누적된다는 사실을 잊지 마라. 누군가 더 충만한 삶으로 움직이기 시작하면 더 많은 물질이 그에게 다가오고 욕구의 영향력은 배가 된다. 삶의 욕구가 만물에 내재된 이유가 그것이다.

그날 할 수 있는 모든 일을 그날 하고 모든 행동을 효과적으로 하라.

사소한 일이나 평범한 일이라 할지라도 매 행동마다 자신의 비전을 놓치지 말라는 것이 아주 세부적인 것까지 뚜렷하게 영상으로 매 순간마다 보라는 것은 아니다. 쉬는 시간을 이용해 당신의 비전을 기억 속에 고착될 수 있도록 뚜렷한 영상을 떠올려 집중하면 된다.

신속한 결과를 원한다면 여가시간마다 이 연습을 게을리하지 마라.

끊이지 않고 생각을 하면 자신이 원하는 그림이 머릿속에 고정되고 무형 물질이 마음속으로 이동하게 될 것이다. 그런 다음 일하는 시간에는 최선의 노력을 다하기 위한 자극제로 영상을 한 번 떠올리면 되는 것이다. 여가시간에 들인 노력으로 영상이 의식을 점령하게 해놓으면 언제라도 그것을 꺼낼 수 있다.

미래에 대한 밝은 약속으로 크게 고무된 사람은 그것에 대한 단순한 생각만으로도 강한 에너지를 발산할 수 있다.

우리의 원칙에 방금 알아낸 지식을 사용해 끝부분을 살짝 바꾸어보자.

생각하는 물질이 있다. 그것은 만물의 근원이며 우주의 모든 공간을 침투해 스며들고 가득 채웠다.

이 물질 속에 생각이 깃들면 그 생각대로 형태가 만들어진다.

인간은 생각으로 어떤 것들의 형태를 만들어낼 수 있다. 무형 물질에 자신의 생각을 각인함으로써 생각한 것을 창조할 수 있다.

이를 위해서는 경쟁적인 마인드가 창조적인 마인드로 바뀌어야 한다. 자신이 원하는 것의 선명한 그림을 그려야 한다. 그리고 그것을 손에 넣기 위해서는 확고한 목적의식과 함께 이 그림을 머릿속에 간직해야 하며 그것을 얻겠다는 믿음을 가져야 한다. 동시에 목적의식에 영향을 주거나, 비전을 흐리거나, 믿음을 꺾을 만한 모든 것을 철저히 멀리해야 한다. 원하는 것이 왔을 때 그것을 받으려면, 현재의 환경에서 주변에 있는 사람들과 사물에 영향을 미치는 행동을 '지금' 여기에서 해야 한다. 그리고 믿음과 목적의식으로 그날그날 할 수 있는 모든 일을 해야 한다. 각각의 일은 효율적인 방법으로 행해야 한다.

13

매일 완벽한 방법으로,
할 수 있는 모든 일을 하라

사업의 종류에 상관없이 성공은 그 사업에 요구되는 능력을 가지고 있느냐에 달려있다.

뛰어난 음악적 재능이 없으면 음악가로 성공할 수 없고, 기계를 다루는 특별한 기술이 없으면 기계 업종에서 커다란 성공을 거둘 수 없다. 장사에 대한 요령과 감각이 없는 사람은 상업으로 성공할 수 없다.

그러나 특정한 직업에 요구되는 숙련된 기술만으로 반드시 부자가 되는 것은 아니다.

뛰어난 재능을 가진 음악가들 중에도 가난하게 사는 사람들이 있고, 훌륭한 기술을 가진 기술자 중에서도 부자가 아닌 사람들이 많이 있다. 사람을 다루는 능력이 뛰어난데도 실패하는 사업가가 있다.

각각의 능력은 도구이다. 좋은 도구를 갖는 것도 무척 중요하지만 그 도구들을 제대로 활용하는 것이 더 중요하다. 어떤 사람은 날이 잘 드는 톱과 대패를 가지고 멋진 가구를 만드는데, 다른 어떤 사람은 같은 도구를 가지고도 가구를 엉성하게 만든다. 좋은 도구를 제대로 사용할 줄 모르기 때문이다. 한 사람이 가진 다양한 정신적 능력은 그 사람을 부자로 만들어주는 일을 할 때 꼭 필요한 도구이다. 숙련된 정신적 도구로 사업을 한다면 성공하기가 더욱 쉬워진다.

일반적으로는 자신의 강점을 사용해 업종을 선택하고 그 '최적'의 직종에서 최선을 다해 일하는 것이 당연해 보인다. 그러나 거기에도 제한이 있다. 타고난 재능이 있는 직업에만 종사해야 한다고 생각하는 사람은 아무도 없다.

어떤 직업을 가져도 부자가 될 수 있다. 그 직업에 맞는 재능이 없다면 계발하면 된다. 그것은 타고난 재능(도구)만 사용하는 데에 그치지 말고 일을 해 나가면서 도구를 계발해야 한다는 뜻이다. 잘 계발시킨 재능을 이미 갖고 있다면 그 직종에서 성공하기가 더욱 쉬워질 것이다.

그러나 직종을 막론하고 성공할 가능성은 있다. 아무리 최소한도의 재능을 가졌다 할지라도 계발하면 되고, 누구나 적은 양일지라도 재능을 갖고 있기 때문이다.

직종에 잘 맞는 일에 종사하면 가장 쉽게 부자가 될 것이다. 그러나 자기가 하고 싶은 일을 한다면 가장 만족스럽게 부자가 될 것이다.

자신이 하고 싶은 일을 하는 것이 삶이다. 하고 싶지 않은 일을 강제로 하고, 하고 싶은 일을 하지 못할 때 삶은 만족스럽지 못하다. 하고 싶은 일이 있다는 것은 틀림없이 그 일을 할 능력이 있다는 뜻이다. 어떤 일을 하고자 하는 욕구가 생기는 것은 자신 내부에 그 일을 할 힘이 있다는 증거이기 때문이다.

욕구는 힘의 표현이다. 음악을 연주하려는 욕구는 표현과 계발을 찾는 힘이다. 기계 장치 발명의 욕구 역시 표현과 계발을 찾는 힘이다. 계발되었건 계발이 안 되었건 간에 무언가를 하고자 하는 힘이 없는 것에는 그 일을 하고자 하는 욕구도 전혀 없다. 어떤 일을 하고자 하는 강한 욕구가 있다면, 그것을 할 힘이 강하므로 계발해서 적절하게 사용하기만 하면 된다는 증거이다.

동등한 욕구가 여러 가지 있다면 가장 많이 계발된 재능을 살릴 수 있는 직종을 선택하는 것이 최선이다. 그러나 특별한 직종에 참여하고 싶은 욕구를 강하게 느낀다면 그 일을 궁극적인 목표로 삼아야 한다.

당신이 하고 싶은 일은 할 수 있다. 당신에게 가장 알맞고 즐거운 직종을 선택하는 것은 권리이자 특권이다. 하고 싶지 않은 일을 할 의무는 없다. 당신의 목표에 이르는 수단일 경우만 제외하고, 그 일을 해서도 안 된다.

과거의 실수로 원치 않는 직종에 종사하고 있다면 얼마 동안은 하고 싶지 않은 일을 해야 할 것이다. 그러나 원하는 일을 하게 될 가능성이 있다는 것을 알고 일한다면 현재의 일도 즐겁게 할 수 있다.

당신에게 적합한 일이 아니라는 느낌이 들더라도 성급하게 다른 일을 하려고 행동하지 마라. 일반적으로 직종이나 환경을 바꾸는 가장 좋은 방법은 점진적으로 확대하는 것이다. 기회가 나타났는데 몸을 사리다가 그것을 놓치겠다는 느낌이 들었을 때, 갑작스러운 근본적인 변화를 일으키는 것에 대해 두려워하지 마라. 그러나 그 일을 하는 것이 현명한가에 대한 의심이 든다면 갑작스러운 행동을 절대 하지 마라.

창조적인 차원에서는 급히 서두를 필요가 전혀 없다. 기회는 얼마든지 있다.

경쟁적인 마인드로부터 벗어나면 행동을 서두를 필요가 전혀 없다는 것을 이해할 것이다. 당신이 하고 싶은 일을 하지 못하도록 밀어낼 사람은 아무도 없다. 모두에게 기회는 충분하다. 한 자리가 채워지면 또 다른, 더 나은 자리가 잠시 뒤에 생길 것이다. 시간은 충분하다.

의심이 들면 기다려라. 비전을 묵상하는 시간으로 돌아가 믿음과 목적의시을 증가시켜라. 그리고 의심과 불확실함의 시기에는 무엇보다도 감사의 마음을 키워라.

원하는 것의 비전을 하루 이틀 정도 묵상하고, 자신이 받게 될 것에 대해 열심히 감사하는 마음을 가져라. 그러면 신에게 밀접하게 다가갈 수 있기 때문에 행동할 때 실수를 저지르지 않을 것이다.

알아야 할 모든 것을 알고 있는 마음이 있다. 깊은 감사의 마음을 가지면, 믿음과 목적의식에 의해 그 마음에 밀접하게 다가갈 수 있다.

실수는 행동을 서두르거나 두려움, 의심을 동반한 행동, 혹은 모두에게 발전을 가져다주는 방향이 아닌, 옳지 못한 동기에 의해 행동할 때 생긴다.

특정한 방식으로 계속 움직이면 내게 다가오는 기회의 숫자는 늘어간다. 믿음과 목적의식을 끝까지 잊지 말아야 하고 경건한 감사의 마음으로 초월적 힘과 밀접한 관계를 유지해야 한다.

매일 완벽한 방법으로 할 수 있는 모든 일을 하라. 그러나 걱정이나 두려움으로 서둘러 행동하지 마라. 서두르기 시작하는 순간 창조자가 되기를 멈추고 경쟁자가 된다는 사실을 명심하라. 다시 후퇴하는 것이다.

스스로 서두른다고 느낄 때 거기서 멈추어라. 원하는 비전에 주의를 집중하고, 얻게 될 것에 감사하기 시작하라. 감사의 연습을 하면 틀림없이 믿음을 강화시키고 목적의식을 새롭게 해 줄 것이다.

14

사람들에게 당신이
성장하는 느낌을 주라

직업을 바꾸든 바꾸지 않든 당신은 지금 몸담고 있는 직종 안에서 행동을 해야 한다. 이미 기반을 잡아놓은 직업을 건설적으로 활용하고, 특정한 방식으로 일과를 행함으로써 원하는 직업을 얻을 수 있다.

직접 만나거나 전화나 편지 등으로 사람들을 상대하는 직업이라면 성장하는 느낌이 상대의 마음에 전달되는 것을 목표로 해야 한다.

성장은 모든 사람이 추구하는 것이다. 그것은 그들 내부의 무형 물질이 충만한 발현을 하고자 하는 충동이다. 성장의 욕구는 자연 전체에 내재한 특성이고 우주의 기본 충동이다. 모든 인간 활동은 성장을 위한 욕구에 기초를 두고 있다.

인간은 더 좋은 음식, 좋은 옷, 사치, 아름다운 것, 더 많은 지식, 더 큰 즐거움을, 즉 더 충만한 삶을 추구한다. 모든 생물은 지속적인 성장의 필요성 아래에 있다. 생명의 성장이 멈추면 즉시 소멸과 죽음이 찾아온다. 인간은 이 사실을 본능적으로 알고 있다. 따라서 영원히 더 많은 것을 찾는 것이다. 영원한 성장의 법칙은 예수가 달란트의 비유로 밝힌 바 있다.

"있는 자는 더 받아 풍족하게 되고, 없는 자는 그 있던 것까지 빼앗기리라."

부를 성장시키고자 하는 평범한 욕구는 사악하거나 두려운 것이 아니다. 풍요로운 삶에 대한 욕구일 뿐이다. 그리고 그것은 인간 본연의 욕구이기 때문에 모든 사람은 생활의 수단, 즉 물질을 많이 주는 사람에게 이끌리게 마련이다.

위에서 설명한 특정한 방식을 따라가면 자신의 부가 성장하고,

자신과 거래하는 모든 사람도 부가 성장한다. 모든 이들에게 성장을 나누어주는 창조의 중심이 바로 자신이다.

그 사실을 명심하고 만나는 모든 사람들에게 성장의 느낌을 전하라.

아이에게 사탕을 파는 아주 작은 거래 행위에서도 성장의 생각을 심고, 손님이 그 생각에 감동받을 수 있도록 해야 한다. 모든 행위에 성장의 느낌을 담아 성장하는 사람의 모습을 보여주고, 당신과 거래함으로써 상대방도 성장한다고 느끼게 하라.

또한 알고 있는 모든 사람들에게 성장의 느낌을 전달한다.

사람들에게 성장의 느낌을 전달하는 길은 자신이 성장의 길을 가고 있다고 굳게 믿음으로써 그 믿음이 자신의 모든 행동에 배어 나오게 하는 것이다. 성장하는 사람이라는, 굳은 확신을 갖고 모든 일을 행하면 모든 사람에게 성장을 줄 수 있다. 부자가 되어가고 있다고 느끼고 그런 식으로 행동함으로써 다른 사람들을 부자로 만들어주고 모두에게 이익을 주게 될 것이다.

성공을 했다고 해서 자랑하거나 필요 없이 떠벌리지 마라. 진실한 믿음은 절대 자랑하지 않는다. 자랑을 늘어놓는 사람은 무언가 감추는 것이 있거나 두려운 것이 있는 것이다. 굳은 믿음만 있으면 모든 거래에 그 믿음이 흘러나온다. 행동과 말투와 표정 등에서 부자가 되어간다는, 이미 부자가 되어있다는 자신감이 조용히 드러나게 하라. 자신감이 남들에게 느껴지는 데에 말은 필요하지 않다.

그들이 당신의 존재만으로도 성장을 느끼고 당신에게 이끌릴 것이다. 다른 이들에게 강한 인상을 남겨 당신과 거래하면 그들도 성장할 것이라는 느낌을 주어야 한다. 그들로부터 받는 현금 가치보다 더 많은 사용 가치를 주어라.

이렇게 하는 것에 자부심을 갖고 모든 사람들을 대한다면 고객이 끊이지 않을 것이다. 사람들은 자신이 성장할 수 있는 곳으로 간다.

만물이 성장하기를 바라며, 모든 것을 알고 있는 초월적 힘은 전혀 모르는 사람들을 나에게 인도한다. 사업은 급속히 번창할 것이며 기대치 못한 수익에 놀랄 것이다. 사업 규모를 늘리고 더 많은 이익을 확보하면서 적절한 직종을 향해 나아갈 수 있다.

그러나 이때에도 비전을 놓치거나 믿음과 목적의식을 잃으면 안 된다. 한 가지 주의사항은 남을 지배하려는 유혹을 조심하라. 힘의 과시나 남들을 지배하는 것만큼, 미숙한 사람들을 즐겁게 하는 일은 없다.

이기적 만족감으로 남을 지배하려는 욕구는 세상에 내린 재앙이다.

수 세기 동안 수많은 왕과 제후들은 자신의 영역을 넓히기 위해 많은 전쟁을 치렀고 세상을 피로 물들였다. 그들은 모든 사람들의 삶을 성장시키려는 노력 대신 자신의 권력을 확고히 지키는 노력을 해왔다.

오늘날 산업 사회에서의 주요 동기는 그와 같다. 사람들은 돈이라는 무기로 무장하고 남들 위에 군림하기 위해 수백만의 삶과 영혼을 짓밟고 있다. 기업가들은 과거의 제왕들과 마찬가지로 권력의 욕망에 사로잡혀있다.

예수는 지배자가 되고자 하는 욕망 속에 사악함의 충동이 있다고 보고 경계해야 한다고 말했다. 마태복음 23장에는 '선생'으로 불리기를 바라고, 제일 높은 자리를 찾으며, 불쌍한 자들에게 무거운 짐을 지게 하는 바리새파 사람들의 욕망이 나온다. 예수는 이 지배욕을 버리고 형제애를 찾아야 한다고 제자들에게 말했다.

권력욕과 지배욕 및 돈으로 다른 이들을 감동시키려는 유혹을 경계하라. 남을 지배하려는 마음은 경쟁적인 마인드이고 경쟁적인 마인드는 창조적인 마인드가 아니다. 자신의 환경과 운명을 지배하기 위해 다른 사람들 위에 군림할 필요는 전혀 없다. 높은 자리를 차지하기 위한 경쟁 속으로 들어간다면 운명에 정복당하기 시작하는 것이며 부자가 되는 것을 요행과 운에 맡길 수밖에 없다.

경쟁적인 마인드를 조심하라. 새뮤얼 밀턴 존스가 '황금률'에서 버릇처럼 했던 말은 창조적인 행동의 원칙을 잘 나타내준다.

"남에게서 대접을 받고자 하는 대로 남들에게 대접을 해주어라."

15

기회가 올때까지 기다리지 마라

앞에서 말한 것은 전문직이나 월급생활자뿐 아니라 상인에게도 적용된다. 직업의 종류에 상관없이 남들에게 삶의 성장을 줄 수 있고 그들이 그 선물을 느낄 수 있다면 그들은 당신에게 이끌릴 것이고 당신은 부자가 될 것이다.

위대하고 성공적인 치료사라고 자신하는 의사는 그 비전을 완벽하게 실현하기 위해 믿음과 목적의식을 갖고 일할 것이다. 따라서 그는 신과 밀접한 관계를 갖게 되고 놀라운 성공을 거둘 것이다. 환자들이 그에게 몰려올 것이다.

의학을 다루는 이들은 이 책의 효과를 가장 크게 볼 기회가 많은 사람들이다. 그가 어느 병원에 속했느냐는 중요하지 않다. 치유의 원리는 누구에게나 적용되기 때문이다. 성장 마인드를 가진 의료인, 즉 성공한 의료인으로서의 명확한 비전을 가지고 믿음과 목적의식과 감사의 법칙에 순응하는 사람은 어떤 종류의 치료법에 상관없이 자신에게 맡겨진 모든 환자를 치료할 것이다.

종교 분야에 있어서도 세상은 풍요로운 삶의 진정한 과학을 가르칠 성직자를 간절히 찾고 있다. 부자가 되는 법과 함께 올바르고 위대한 인간, 진정한 사랑의 원리를 세부적으로 연구한 사람과 이것을 강단에서 가르치는 사람 앞에는 청중이 끊이지 않고 몰려올 것이다.

세상이 필요로 하는 복음이 바로 그것이다. 그것은 생명의 성장을 가져다준다. 사람들은 기쁜 마음으로 설교를 듣고 그것을 전파한 사람에게 지지를 아끼지 않을 것이다. 필요한 것은 강단에서 삶의 과학을 어떻게 보여줄 것이냐 하는 것이다.

사람들은 방법만을 말하는 설교자보다는 몸소 실천하는 사람을 원한다. 부자이고, 건강하고, 위대하고, 사랑받는 설교자는 자신이 어떻게 그러한 것들을 얻었는지 실제 경험담으로 들려줄 것이다. 그리고 그를 따르려는 자들의 수도 많아질 것이다.

그것은 교사의 경우도 마찬가지여서, 성장하는 삶에 대한 믿음과 목적의식을 가지고 학생들을 가르치면 그들에게 감동을 불러일으킬 수 있다. 그 교사는 절대 직장을 잃는 일이 없을 것이다. 교사가 믿음과 목적의식을 삶의 일부로 가지고 있다면 학생들에게도 그대로 전달될 것이다. 교사, 성직자, 의사와 마찬가지로 변호사, 치과의사, 부동산 중개인, 보험설계사 등 모든 사람들에게도 위의 사실이 해당된다.

생각과 결합된 행동은 절대 실패할 수 없다. 이 가르침을 꾸준히 따르는 모든 사람은 말 그대로 부자가 된다. 삶의 성장 법칙은 중력의 법칙처럼 수학적으로 정확한 것이다. 부자가 되는 것은 정밀과학이다.

월급생활자에게도 모두 해당되는 말이다. 보이지 않는 곳에서 일한다고 해서 발전의 기회가 없고, 부자가 될 수 없다고 생각하지 마라. 물가에 비해 임금이 적은 곳에도 기회는 있다.

원하는 비전을 명확하게 형성하고 믿음과 목적의식을 갖고 행동하기 시작하라.

그날 할 수 있는 모든 일을 매일 하라. 그리고 각각의 일을 완벽하게 성공적인 방법으로 행하라. 성공의 힘과 부자가 된다는 목적의식을 갖고 모든 일을 행하라.

그러나 상사나 고용주에게 아첨을 해서 발전을 이루겠다는 생각은 하지 마라. 그들이 당신에게 좋은 일자리를 주거나 승진을 시켜 줄 가능성은 희박하다. 자신의 자리에서 최선의 능력을 발휘하고 거기에 만족하는 좋은 직원은 고용주에게 매우 귀한 사람이다. 그러나 고용주는 그를 승진시키는 데는 관심이 없다. 당신이 지금의 자리에서도 그 이상의 가치를 발하고 있기 때문이다.

확실한 발전을 위해서는 자기 자리에 충실한 것 이상의 무언가가 필요하다. 발전할 것이 확실한 사람은 현재의 위치에 있기에는 아까운 사람이고 자신이 원하는 것의 개념이 분명한 사람이다. 자신이 원하는 것이 무엇인지 분명히 알고, 원하는 사람이 될 수 있다는 점도 알며, 그 결심이 확고한 사람이다.

고용주를 기쁘게 하겠다는 생각으로 현재 위치 이상의 것을 하지 마라. 자신을 발전시킨다는 생각으로 하라. 일하는 시간에도, 퇴근 후에도, 일하기 전에도, 성장의 믿음과 목적의식을 간직하라.

현장 주임, 동료, 사회에서 만난 친구 등 어떤 사람과 접촉할 때에도 그러한 믿음과 목적의식이 온몸에서 뿜어져 나오게 하라. 만나는 사람마다 당신에게 발전과 성장을 느낄 수 있도록 하라. 사람들이 당신에게 끌려올 것이고, 현 자리에서 발전의 가능성이 보이지 않는다면 곧 다른 자리로 갈 기회가 찾아올 것이다. 특정한 법칙에 따라 움직이는 성장하는 사람에게는 반드시 기회가 찾아온다. 특정한 법칙에 따라 행동하면 신은 자신을 돕기 위해서라도 당신을 도울 것이다.

경제 상황이 좋지 않아도 실망할 필요는 없다. 대기업에서 일해 부자가 될 수 없다면 1만 평 정도의 땅을 사서 부자가 될 수 있다. 특정한 법칙에 따라 움직이기 시작하면 대기업의 족쇄에서 탈출해 농장이든 어디든 가고 싶은 곳으로 갈 수 있다.

수천 명의 직원들이 특정한 법칙에 따라 움직인다면 그 회사는 곧 곤경에 처하게 될 것이다. 회사는 직원들에게 더 많은 기회를 제공하든지 파산 신청을 해야 할 것이다. 부적당한 임금을 받으면서 계속 일할 필요는 없다. 절망적인 조건 속에서도 떠나지 않는 사람들은 너무 무지해서 부자가 되는 법을 모르거나 지나치게 게을러 실천하지 않는 경우일 것이다.

앞서 말한 방식으로 생각하고 행동하라. 그러면 믿음과 목적의식 덕분에 더 나은 기회를 신속하게 포착하게 될 것이다. 만물의 원동력인 초월적인 힘이 기회를 가져다줄 것이기 때문에 그러한 기회는 빠른 속도로 다가올 것이다.

원하는 것을 바로 이루어주는 기회가 올 때까지 기다리지 마라. 지금보다 나아질 수 있는 기회라면, 그리고 그것에 끌린다면 바로잡아라. 더 큰 기회를 향한 첫걸음이 될 수도 있다.

성장하는 삶을 사는 사람에게 기회의 부족이란 있을 수 없다. 만물은 앞으로 나아가는 사람을 위해 존재하며 그의 행복을 위해 함께 일한다. 그것이 이 우주의 고유한 특성이다. 성장하는 사람이 특정한 법칙대로 행동하고 사고하면 부자가 되는 것이 당연하다.

따라서 당신이 봉급자라면 이 책을 열심히 읽고 앞에 기술한 행동지침을 따르라. 절대로 실패하지 않을 것이다.

16

몇 가지 주의할 점과 결론

부자가 되는 정밀과학이 있다고 하면 코웃음을 칠 사람들이 있을 것이다. 세상의 부가 제한되어 있다는 생각을 가진 사람들도 있을 것이다. 부가 제한되어 있다는 생각을 가진 사람들은 다수의 사람들은 사회기관과 정부가 변화되지 않으면 부를 얻을 수 없다고 주장한다. 하지만 그것은 사실이 아니다. 지금의 정부가 서민들의 가난을 방치하는 것은 사실이다. 그러나 그것은 서민들이 특정한 법칙대로 생각하고 행동하지 않기 때문이다.

이 책에서 제시한 내용에 따라 움직이기 시작한다면 정부도 산업 시스템도 그들을 저지할 수 없다. 오히려 모든 시스템이 성장을 향한 이 움직임에 맞도록 조정할 수밖에 없을 것이다.

사람들이 성장하려는 마인드와 부자가 될 수 있다는 믿음을 갖는다면 어떤 무엇도 그들을 가난에 묶어둘 수 없다.

어느 시대, 어떤 정부에서건 개인들은 특정한 법칙대로 행동하여 부자가 될 수 있다. 그리고 많은 사람들이 그렇게 한다면 길은 열린다.

경쟁적인 마인드로 부자가 되는 사람들이 많아진다면 다른 사람들은 불리해진다. 그러나 창조적인 마인드로 부자가 되는 사람들이 많아진다면 다른 사람들은 이로움을 얻게 된다.

서민들을 경제적으로 구하는 방법은 이 책에 나온 과학적 방법을 실천에 옮김으로써 부자가 되게 하는 것밖에 없다. 이들이 부자가 될 수 있다는 믿음과 진정한 삶의 욕구를 가지면 더 많은 사람들에게 감동을 줄 수 있다. 그러나 현재로는 정부의 형태와 자본주의 및 경쟁적인 산업구조에 상관없이 부자가 될 수 있다는 것을 아는 것으로 충분하다.

창조적인 마인드로 생각하기 시작하면 전혀 다른 국가의 시민이 될 수 있다. 명심해야 할 것은 창조적인 마인드를 지켜야 한다는 것이다.

공급 부족을 걱정하거나 경쟁적인 마인드로 행동하는 일은 절대 없어야 한다. 낡은 사고방식으로 돌아갈 때마다 즉시 자신을 바로잡아라.

경쟁적인 마인드를 가질 때마다 초월적 힘과의 관계가 깨지기 때문이다.

미래에 일어날지도 모를 응급사태에 대한 대비로 시간을 낭비하지 마라. 오늘 일을 완벽하게 성공적으로 행하기만 하면 된다. 내일 일어날지도 모를 일을 미리 걱정하지 마라. 그런 일이 닥치면 그때 해결하면 된다.

일을 하면서 앞으로 일어날 장애를 극복하는 것에 대해 미리 걱정하지 마라. 오늘 취할 조치가 미래의 장애를 극복하는 것에 필수적인 경우만 제외하고는 무시하라. 멀리서 볼 때에는 아무리 두렵게 보이는 장애라 하더라도 특정한 법칙대로 계속 행동하면 그 장애가 없어지거나, 오더라도 돌파할 수 있거나, 피해갈 수 있게 된다.

어떤 상황이 오더라도 부자가 되는 과학적 법칙을 따르는 사람을 막을 수 있는 것은 없다. 법칙을 따르는 사람들은 절대 부자가 되는 일에 실패하지 않는다. 2 더하기 2는 4인 것과 마찬가지이다.

재앙, 장애, 공황 상태, 최악의 상황에 대해서도 불안해하지 마라. 문제가 바로 눈앞에 닥치기 전에 충분한 시간이 있을 것이다. 그리고 모든 문제는 해결책과 함께 온다는 것을 알게 될 것이다.

말을 조심해라. 낙담한 듯 보이지 마라. 자기 자신에 대해, 사업에 대해, 그 어떤 것도 낙담한 표정으로 말하지 마라. 실패할 가능성을 절대 인정하지 말고 실패를 염두에 둔 어떤 말도 하지 마라. 어려운 시기라거나 확실치 않은 사업 조건이라는 말도 하지 마라.

경쟁적인 마인드를 가진 사람에게는 어려운 시기나 의심스러운 사업이 있을 수 있지만 창조적인 마인드를 가진 당신에게는 해당되지 않는 말이다. 당신은 원하는 바를 스스로 창조할 수 있고, 두려움도 없다.

다른 이들이 어려운 시기와 불황을 맞을 때 당신은 가장 큰 기회를 얻을 것이다.

세상을 발전하는 곳으로 바라보는 훈련을 하라. 사악해 보이는 것은 단지 미개한 것이라고 생각해라. 항상 성장하는 마음으로 이야기해라.

그렇지 않으면 믿음을 부정하는 것이고 믿음을 부정하면 성장에 실패하게 된다. 낙담하도록 자신을 내버려 두지 마라. 특정한 시간에 특정한 것을 얻으리라 기대했는데 얻지 못했을 때 실패라고 생각할 수 있다. 그러나 믿음을 잃지 않는다면 그것이 사실은 아니라는 것을 깨닫게 될 것이다.

계속해서 특정한 법칙대로 행동하라. 원하던 것을 얻지 못한다면 그보다 더 좋은 것을 얻게 될 것이고, 그때가 되면 실패로 보이던 것이 사실은 큰 성공의 전주곡이었음을 당신은 깨닫게 될 것이다.

부자가 되는 법을 공부하던 어떤 학생이 당시 매우 간절히 원하는 사업을 마음속에 그리고 있었다. 그는 몇 주 동안 그 사업을 실현하기 위해 노력했다. 매우 중요한 순간이 왔을 때 전혀 이해할 수 없는 이유로 실패하고 말았다. 보이지 않는 힘이 그를 밀어내는 것 같았다. 그는 실망하지 않았다. 그는 반대로 자신이 열망하던 바가 이루어지지 않은 것에 대해 신에게 감사하고, 그 마음을 계속 간직했다. 몇 주 뒤, 훨씬 더 좋은 기회가 찾아왔다. 첫 거래에서는 꿈도 꿀 수 없는 조건이었다. 그는 자신보다 더 큰 어떤 존재가 더 좋은 것을 위해 그보다 좋지 않은 것을 막았다는 사실을 알게 되었다.

겉으로는 실패로 보이는 것도 실제로는 그와 같은 작용을 한다. 단 믿음을 잃지 않고, 목적의식을 간직하며, 감사하고, 매일 그날 할 수 있는 모든 일을 할 때만 그렇다.

실패를 겪는다면 그것은 충분히 요구하지 않아서이다. 계속해서 요구하라. 보다 큰 것이 다가올 것이다. 그 사실을 명심하라.

원하는 것을 할만한 재능이 없어서 실패하는 일은 없다.

내가 말한 대로 계속한다면 그 일에 꼭 필요한 재능을 갖게 될 것이다. 재능을 계발하는 일까지 이 책에서 다룰 수는 없다. 그러나 부자가 되는 과정만큼은 확실하고 간단하다. 원하는 지점에 이르렀을 때 능력이 부족해서 실패할 것이라고 생각하여 주저하지 마라. 계속 앞으로 나아가라. 그 지점에 이르면 능력이 생길 것이다.

교육을 제대로 받지 못한 링컨이 정부 수립 이래 한 사람이 이룩한 일로는 가장 큰 업적을 이루어낸 것과 똑같은 능력이 당신에게도 있다. 생각하는 힘을 사용해 자기 앞에 놓인 책임을 마주하라. 강한 믿음으로 계속 나아가라.

이 책을 공부하라. 이 안에 담긴 모든 사상을 모조리 흡수할 때까지 항상 몸에 지녀라. 믿음을 확고하게 다지는 동안은 대부분의 오락이나 놀이도 포기하고, 이 책의 내용과 반대되는 강의나 설교도 듣지 마라.

비관적이거나 염세적인 문학작품도 읽지 마라. 서문에 소개된 저자들의 글 이외에는 가능한 읽지 마라. 여가 시간에는 비전을 떠올리고, 감사의 마음을 키우고, 이 책을 읽어라. 여기에는 부자가 되는 과학의 모든 것이 담겨 있다.

다음 장에 이 책의 핵심적인 내용을 요약해 두었다.

17

요약

생각하는 물질이 있다. 그것은 만물의 근원이며 우주의 모든 공간을 침투해 스며들고 가득 채웠다.

이 물질 속에 생각이 깃들면 그 생각대로 형태가 만들어진다.

인간은 생각으로 어떤 것들의 형태를 만들어낼 수 있다. 무형 물질에 자신의 생각을 각인함으로써 생각한 것을 창조할 수 있다.

이를 위해서는 경쟁적인 마인드가 창조적인 마인드로 바뀌어야 한다. 그러지 않으면 창조적인 무형 지능 물질과 조화가 깨지기 때문이다.

사람들은 자신에게 내려온 축복에 진실로 감사한 마음을 가짐으로 해서 무형 물질과 완벽한 조화를 이룰 수 있다. 감사는 인간의 마음과 무형 물질의 마음을 하나로 결합시키고, 그로 인해 인간은 무형 물질로부터 생각을 얻게 된다. 인간은 깊고 지속적인 감사의 마음을 통해 무형 지능 물질과 합일되고, 그로 인해서만 창조적인 마인드를 유지할 수 있다.

갖고자 하는 것, 하고자 하는 것, 되고자 하는 것의 정신적 영상을 명확하게 만들어야 한다. 그 영상을 머릿속에 간직한 채 소망하는 모든 것을 내려주는 초월적 힘에 무한한 감사를 드린다. 부자가 되고자 하는 사람은 쉬는 시간에 영상을 떠올리고, 그것이 현실로 나타나게 됨을 진심으로 감사해야 한다. 흔들리지 않는 믿음과 감사의 마음을 자주 묵상함은 너무 중요해서 아무리 강조해도 지나치지 않는다. 이러한 과정을 통해 무형 생각은 물질에 전달되고 창조력이 가동된다.

창조적 에너지는 기존의 자연스러운 성장 통로와 현재의 산업 및 사회질서를 통해 작용한다. 정신적 영상에 포함된 모든 것은 틀림없이 눈앞에 나타난다. 단 이 책의 지침을 따르고 흔들리지 않는 믿음을 가졌을 때만 그러하다.

원하는 것이 실제로 다가왔을 때 그것을 받으려면 능동적인 행동이 뒷받침되어야 한다. 이 행동은 현재 자신의 자리를 지키는 것만으로는 부족하다. 정신적 영상의 실현을 통해 부자가 되겠다는 목적을 마음속에 간직하고 있어야 한다. 그리고 매일 그날 할 수 있는 일을 모두 해야 한다. 그리고 각각의 행동을 성공적으로 처리해야 한다. 현금 가치보다 많은 사용 가치를 모든 사람들에게 주어야 한다. 그래야만 거래가 삶을 성장시키는 방향으로 나아간다. 성장하고 있다는 생각을 품어서 만나는 사람들에게 성장한다는 느낌이 전달되게 해야 한다.

이같은 지침을 실천하는 사람은 틀림없이 부자가 될 것이다. 그들이 얻게 되는 부의 크기는 명확한 비전과 목적에 대한 확고함, 그리고 믿음의 불변성과 감사의 깊이에 따라 달라질 것이다.

Chapter

02

위대해지는 비밀

01

누구나 위대해질 수 있다

모든 사람은 본질적인 힘의 원천을 가지고 있다. 이 원천을 현명하게 조정해 사용한 사람은 위대해질 수 있으며 정신적 능력도 계발할 수 있다. 인간은 자신이 원하고 바라는 바대로 성장할 수 있는 힘을 가지고 태어났으며, 이 성장은 그 어떤 것도 막을 수 없다.

지금까지 어느 방면에서 절대 능가할 사람이 없을 것처럼 여겨졌던 경우에도 결국은 그것을 뛰어넘는 더 위대한 사람이 등장했다. 이 가능성은 근본 물질에서 기인한다. 천재성은 전능한 존재가 인간 안으로 흘러 들어온 상태이다. 재능은 다른 능력에 비해서 월등하게 발달된 하나의 능력이다. 말하자면 천재성은 영혼의 작업을 통해 이룬 인간과 조물주의 융합이다. 위대한 사람들은 언제나 그들이 이룬 업적보다 더 위대하다. 그들은 무한한 잠재적인 힘과 연결되어 있다. 우리의 정신적인 힘의 끝이 어디까지일지 우리는 누구도 모른다. 심지어 그런 끝이 과연 존재하는지조차 모른다.

정신적인 성장이라는 힘은 하등동물에게서는 찾아볼 수 없다. 이 힘은 오로지 인간만이 가지고 있으며, 인간만이 그것을 발전시키고 증가시킬 수 있다. 하등동물은 기껏해야 상당 부분 인간에 의해 훈련되고 인간의 손을 통해 발전되는 것이 전부이다. 그러나 인간은 자기 자신을 의식적으로 훈련하고 발전시킨다. 이런 힘은 오직 인간만이 가지고 있으며, 또한 그 힘은 끝을 알 수 없다.

나무와 식물에게는 생명의 목적이 성장이듯, 인간이 가진 삶의 목적도 성장이다. 나무와 식물은 생겨난 그곳에 고정된 채 진로에 따라 성장하지만, 인간은 자기 자신의 의지대로 성장한다. 나무와 식물은 특정한 능력과 특징만을 발전시킬 수 있을 뿐이나, 인간은 스스로의 능력으로 어느 시대, 어느 장소를 막론하고 모두 발전시킬 수 있다.

정신적으로 가능한 것이라면 육체적으로도 불가능한 일은 없다. 생각으로 가능하다면 행동으로도 가능하다. 상상으로 가능하다면 현실 속에서도 가능하다. 인간은 성장할 수 있도록 만들어졌으며, 끊임없이 성장해야만 하는 존재이다. 끊임없는 성장은 인간이 행복해지기 위한 중요한 조건이다. 그래서 성장 없는 삶은 견디지 못하며 성장하기를 멈춘 사람은 저능해지거나 정신적으로 문제가 생길 수밖에 없다. 보다 조화롭고, 보다 균형 있게 성장할수록 인간은 더욱 행복해진다.

한 개인이 가진 가능성은 우리 모두에게 내재되어 있는 가능성이다.

그러나 그 가능성이 자연스럽게만 진행된다면 어떤 누구도 똑같은 것으로 성장하는 일은 없다. 인간은 누구나 특정한 방향으로 성장하고픈 성향을 선천적으로 지닌 채 태어났으며, 그 방향으로 성장하는 편이 그렇지 않은 것보다 훨씬 수월하고 용이하다. 이것이 자연의 현명한 섭리이다.

마치 여러 알뿌리들을 정원사가 별 신경 쓰지 않고 한꺼번에 던져놓은 바구니와 같다. 얼핏 보기에는 똑같아 보이지만 나중에 자란 뒤에 보면 알뿌리들 하나하나가 모두 다르다. 사람도 마찬가지이다. 사람도 알뿌리가 가득 담긴 바구니와 같다는 말이다. 어떤 사람은 장미가 되어 이 세상의 어두운 구석을 밝히고 물들일 것이며, 어떤 사람은 백합이 되어 사랑과 순결을 가르칠 것이다. 어떤 사람은 넝쿨이 되어 오래된 바위 표면을 뒤덮는 것도 있을 것이고, 또 어떤 사람은 커다란 참나무가 되어 가지에 새들이 둥지를 틀게 하고, 오후에는 양 떼가 들러 쉴 수 있는 그늘을 드리우기도 할 것이다. 즉 모든 사람들은 하나같이 귀하고, 가치 있고, 완벽한 무엇이 된다.

우리 주위에 있는 보통의 사람들은 한 번도 꿈꿔보지 못한 가능성들이 가득하게 숨어있다. 그러나 넓게 본다면 '보통 사람'이란 존재하지 않는다. 나라가 힘들거나 위기가 닥치면 골목 어귀의 상점에서 과자나 팔던 게으른 사람도, 알코올중독자와 같은 사람도, 내면에서 잠자고 있던 힘의 원천이 깨어나 영웅이 되고 정치가가 된다. 우리 안에는 다들 깨어날 순간을 기다리고 있는 힘의 원천이 있다.

어려운 일이 닥칠 때마다 조언을 구하러 가는 사람들이 있고, 한눈에 보아도 출중한 지혜와 통찰력으로 빛나 보이는 이들이 있기 마련이다. 동네마다 이런 위대한 인물들이 꼭 있다. 지역사회가 곤란한 상황에 봉착하면 주민들은 모두가 이런 사람에게 의지한다. 입 밖으로 드러내놓고 말하지 않아도 지혜롭고 위대한 사람으로 인정하는 것이다.

이런 사람들은 사소한 일도 큰일처럼 처리한다. 그리고 본인이 마음만 먹는다면 충분히 위대한 일도 해낼 수 있는 것이다. 이것은 어느 누구에게나 마찬가지이며, 당신도 마찬가지이다.

힘의 원천은 우리가 필요로 하는 바로 그것을 줄 것이다. 우리가 사소한 일만을 하려고 한다면 그 정도에 맞는 힘을 줄 것이지만, 큰일을 떠맡아 해내고자 애쓴다면 필요한 만큼의 모든 힘을 우리에게 줄 것이다. 그러나 큰일들을 시시한 방식으로 하지 않도록 주의하라. 이 문제에 대해서는 뒤에서 다시 설명할 것이다.

보통 사람이 취할 수 있는 정신적 태도에는 두 가지가 있다. 첫 번째는 자신을 축구공처럼 만드는 사람이다. 축구공은 외부에서 힘이 가해지면 강하게 튀어 오르지만, 스스로 움직이지는 못한다. 축구공 안에는 어떤 힘도 존재하지 않는다. 이런 유형의 사람은 환경과 조건의 지배를 받고 외부적인 환경에 따라 운명이 결정된다. 이들 안에 잠재된 힘의 원천은 그야말로 전혀 움직이지 않는 것이다. 이들은 결코 자신으로부터 비롯된 말이나 행동을 하지 않는다. 반면 두 번째는 인간을 끝없이 물이 솟는 샘처럼 만드는 사람이다. 그들의 안에는 그 자체에서 힘이 나오며, 영원히 마르지 않는 생명의 샘이 있다. 이런 사람은 스스로 힘을 발산하며, 환경에 작용을 미친다. 무엇보다도 그들의 안에 있는 힘의 원천이 끊임없이 활동하며, 스스로 움직일 줄도 안다.

스스로 움직이는 것보다 인간에게 더 큰 선물은 없다. 신은 인간이 스스로 움직이도록, 자연의 섭리를 주관한다. 주위 환경에 지배받는 노예가 아니라 주인이 되도록 만드는 것이다. 그러나 열등한 인간은 주위 환경의 지배와 두려움으로부터 벗어나지 못한다. 이들이 어떤 행위를 한다면 그것은 전적으로 주위 환경에서 주어진 자극에 반응하는 것일 뿐이다. 외부로부터 작용을 받을 때만 활동하며, 스스로 행동을 하지 않는다. 그러나 이러한 가장 열등한 사람에게도 자신이 두려워하는 대상 모두를 충분히 지배할 수 있는 힘의 원천이 내부에 있다. 주변 누군가의 안에 있는 것이라면 당신 안에도 있다.

당신은 당신이 원하는 사람이 될 수 있다.

02

당신에게 잠재된 힘의 원천이 있다

타고난 재능이 모자라서 위대한 사람이 될 수 없는 것이 아니다. 조상이 어떤 사람이었든, 혹은 교육을 받지 못했고, 신분이 낮았든지 간에 자신이 성장할 수 있는 길은 얼마든지 열려 있다. 정신적인 자세는 절대로 대물림되지 않는다. 부모로부터 받은 정신적인 능력이 아무리 작고 하찮은 것이라도, 그것은 언제든 성장할 수 있다. 세상 어느 누구도 성장이 안되게 태어나지는 않는다.

물론 유전된 특성이 중요할지도 모른다. 저마다 타고난 잠재의식이 있기 때문이다. 예컨대 우울하거나 비겁하거나 성급함 등의 기질이 그것이다. 하지만 이런 무의식적 경향들은 하나같이 극복할 수 있다. 진정한 자아가 깨어나면 이것들은 쉽게 던져 버릴 수 있는 것이다. 이런 것들은 개인의 발전을 가로막을만한 걸림돌이 되지 못한다. 도움이 되지 않는 정신석인 성향을 타고났다면, 과감히 내버리고 도움이 되는 성향들로 대체하면 된다.

사실 타고난 정신적인 성향들이란 부모님에게서 받은 우리의 무의식에 각인된 사고방식에 불과하다. 그렇기 때문에 그와 반대되는 사고습관을 형성하면 얼마든지 성향을 바꿀 수 있다. 침울한 성격은 명랑한 성격으로 바꿀 수 있으며, 자주 두려움을 느끼거나 급한 성격도 바꿀 수 있다.

부모에게서 받은 성향을 무시할 수 없는 또 다른 이유는 그것이 두개골의 생김새를 결정짓는 원인이라는 데 있다. 골상학을 연구하는 사람들의 주장만큼은 아니지만, 골상에는 간과할 수 없는 것이 분명 있다.

뇌는 각 부분마다 특정한 역할을 담당하고 있고, 그 역할이 얼마나 잘 발휘되는가는 해당 부분에서 활발히 움직이는 뇌세포의 수에 따라 달라진다는 것은 주지의 사실일 것이다. 어떤 역할과 관계된 뇌 부분이 많이 발달한 사람은 그렇지 못한 사람보다 훨씬 많은 능력을 발휘할 것이다. 그러므로 어느 면에서 두개골의 특정한 형태들은 음악가나 작가, 기술자 등의 재능을 각각 나타내 보인다.

이를 근거로, 두개골의 생김새에 따라 사회적 지위가 결정된다고 주장하는데, 이것은 잘못된 생각이다. 비록 뇌에서 차지하는 영역이 좁다고 할지라도 세포가 정밀하고 활동적이라면, 차지하는 영역이 넓은데 활동이 떨어지는 세포의 능력보다 훨씬 더 강력한 힘을 발휘할 것이다. 그리고 뇌의 특정 부분에 힘의 원천이 작용만 한다면 거기의 뇌세포는 무한대로 증식할 수 있다는 사실도 밝혀졌다. 이것은 현재 가진 능력이나 힘, 재능이 아무리 작고 미약하다고 할지라도 얼마든지 발전시킬 수 있음을 뜻한다. 특정 부분의 뇌세포의 수를 늘림으로써 우리가 원하는 만큼 강력해질 수 있도록 만들 수 있는 것이다. 지금 가장 많이 발달한 능력을 사용할 때 가장 행동하기 쉽다는 사실은 누구나 알고 있다. 별다른 노력 없이도 자연스럽게 일을 할 수 있는 것이다.

또한 노력만 한다면 어떤 재능이든 발전시킬 수 있는 것도 사실이다. 당신은 원하는 것을 할 수도 있고, 되고 싶은 모습도 될 수 있다. 하나의 목표를 정한 뒤, 그것을 여기에서 설명한 원리에 적용시켜 나간다면, 우리 안에 있는 모든 힘이 그 목적을 이루는 데만 집중된다. 그리고 그 목석을 이루는 데 사용해야 될 뇌의 해당 부분에는 더 많은 피와 신경이 몰리고, 그 결과 세포들의 반응이 빨라지고 그 수도 증가한다. 누구든 마음을 올바르게 사용한다면 마음이 원하는 대로 뇌를 사용할 수 있는 것이다.

뇌가 인간을 만들지는 않는다. 인간이 뇌를 만든다.

인간의 삶에서의 위치는 유전 때문에 고정되는 것이 아니며, 환경이나 기회의 부족 때문에 낮은 위치에 운명 지어지는 것도 아니다. 우리 안에 잠재된 힘의 원천은 자신이 무엇을 바라든 충분히 그것을 들어줄 수 있다. 올바른 방향을 잡고서 발전하려는 결심만 한다면, 어떤 조건이나 상황도 방해 요소가 될 수 없다. 그리고 그 힘은 우리를 자라게 해주었으며, 현재 사회의 상황이나 산업, 정치적인 상황을 제어하고 있다. 이 힘은 결코 스스로를 향해 방향을 거스르거나 내분되지 않는다.

우리 안에 존재하는 그 힘은 주변 사물 안에도 있다. 그리고 다음 장에서 설명하겠지만, 우리가 앞으로 나아가기만 한다면 모든 사물들은 나를 위해 움직일 것이다.

인간은 성장하게끔 준비되어 있다. 주변의 모든 사물들은 그 성장을 돕도록 준비되어 있는 것이다. 당신의 영혼을 깨워 앞으로 나아가기만 한다면, 조물주뿐만 아니라 자연과 사회, 그리고 동료 인간들까지 모두가 당신을 위해 존재하고 있음을 발견할 것이다. 섭리대로 따르기만 한다면 모든 것들이 당신을 위해 협력할 것이다. 가난한 사람도 훌륭한 사람이 될 수 있다. 가난이란 언제든 이겨낼 수 있는 것이다.

마르틴 루터는 어린 시절 빵을 사기 위해 거리에서 노래를 불러야 했다. 식물학자 린네는 수중에 고작 40달러를 가지고 공부를 시작했다.

제 손으로 신발을 수선해야 했고, 친구들에게 식사를 얻어먹는 일도 허다했다. 석수장이 일을 배웠던 휴 밀러는 채석장에서 지질학 공부를 시작했다. 조지 스티븐슨은 증기기관차를 발명했지만 탄광에서 일하던 광부 시절에 연구를 시작했다. 제임스 와트는 몸이 허약해 학교도 제대로 가지 못했고, 에이브러햄 링컨은 방이 하나밖에 없는 초라한 통나무 오두막에 사는 가난한 소년이었다. 이 이야기들에서 발견할 수 있는 것은 다양한 환경과 가난을 딛고 그들을 우뚝 서게 한, 그들 안에 잠재된 힘의 원천이다.

당신 안에 잠재된 힘의 원천이 있다. 이 힘을 올바른 방향으로 잘 사용하면, 타고난 유전적 성향을 극복하고, 발전을 가로막는 환경과 조건을 이겨낼 수 있다.

당신 안에 잠재된 위대함을 발견하라.

03

지혜를 발견하라

뇌와 신체 그리고 정신, 능력과 재능은 인간이 자신의 위대함을 나타내기 위해 사용하는 수단에 불과하다. 그러므로 이런 것들 때문에 한 인간이 위대해지는 것은 아니다. 명석한 두뇌와 올바른 정신, 뛰어난 능력과 출중한 재능을 타고난 사람이라도, 이것들을 위대한 방식으로 사용하지 않는다면 누구도 위대한 사람이 될 수 없다. 자신이 가지고 있는 이 모든 능력을 위대한 방식으로 사용하지 않는다면 위대함에 이를 수 없다. 그리고 가지고 있는 능력을 위대한 방식으로 사용하게 만들어주는 소양이야말로 자신을 위대하게 만든다. 우리는 바로 그러한 소양을 지혜라고 부른다.

또한 위대함의 튼튼한 기초가 되는 지혜는 우리가 목표로 삼아야 할 최고의 목표와 그 목표에 도달하기 위한 최선의 방법을 인지하는 힘이자, 해야 할 일을 제대로 발견해 내는 힘이다. 어떤 것을 해야 할 올바른 일인가를 알 수 있는 지혜를 가진 사람, 오로지 올바른 일만을 하기를 원하는 선량한 의도를 가진 사람, 올바른 일을 행할 만큼 능력 있는 사람이야말로 진정한 의미에서 위인이라고 할 수 있다. 이런 사람은 어느 모임, 어느 집단에 있든지 힘을 가진 인물로 금방 두각을 나타낼 것이며 사람들은 기꺼이 그들을 자랑스러워할 것이다.

지혜는 지식에 의존한다. 철저히 무지한 상태에서는 어떤 일을 하는 것이 올바른지 모르기 때문에 지혜도 있을 수 없다. 인간의 지식은 상대적으로 제한되어 있으므로 현재 자신이 가진 것보다 더 많은 지식을 접해야 한다. 또한 그것으로부터 영감을 얻어 자신의 한계를 뛰어넘는다면, 큰 지혜를 얻을 수 있다. 이것은 누구에게나 가능한 일이다. 그리고 이것이 진정으로 위대한 인물들이 해온 일이다.

오로지 신만이 모든 진리를 알고 있다. 그러므로 신만이 진정한 지혜가 있고 언제나 올바른 일이 무엇인가를 알고 있다. 인간은 다만 그 신으로부터 그 지혜를 받을 뿐이다.

아마도 에이브러햄 링컨 대통령이 좋은 예가 될 것이다. 그는 비록 많은 교육을 받진 못했지만, 올바른 진리를 찾아낼 수 있는 힘을 갖고 있었다. 링컨의 예는 진정한 지혜란 어떤 순간이나 상황에서도 무엇이 올바른 일인가를 발견하는 데에 있다는 것을 아주 분명하게 확인해 준다. 중요한 사실은 올바른 일을 하겠다는 의지를 갖는 것과 그 일을 유능하게 해낼 수 있는 능력과 재능을 얻는 것이다. 미국에서 한창 노예제도 폐지 논란이 있고, 뒤이어 화해 기간을 거치면서 사람들은 모두 바른 길이 무엇인지, 자신들은 무엇을 해야만 하는지에 대해 갈팡질팡했었다. 하지만 링컨은 그런 상황에서도 결코 흔들림이 없었다.

그는 한편으로는 노예제도 지지자들이 폈던 주장의 속내를 꿰뚫어보았고, 다른 한편으로는 노예제도 폐지론자들의 실현 불가능성과 몽상 또한 꿰뚫어볼 수 있었다. 그리고 그는 무엇을 목표로 택하여 매진해야 할 것인가를 분명히 알고 있었고, 그 목표를 실현하기 위한 최선의 수단들도 알고 있었다. 사람들이 링컨을 대통령으로 뽑은 이유는 그가 올바른 진리를 알고, 무슨 일을 해야 하는가를 분명히 알고 있는 사람이라고 생각했기 때문이다.

진실을 파악하려고 노력하는 사람, 무엇이 올바른 일인지 잘 알고 있는 사람, 그리고 올바른 일을 할 것이라는 믿음을 주는 사람은 존경받고 성공할 것이다. 사람들은 그런 사람을 간절히 원하고 있다.

링컨이 대통령이 되고 난 뒤, 그 주위에는 능력은 있어도 서로의 의견에 동의하지 않는 참모들로 둘러싸였다. 때때로 그들은 링컨의 정책에 모두 반대했고, 어떤 때는 북부 전체가 링컨이 하고자 하는 일에 반대를 하기도 했다. 하지만 모든 사람들이 겉모습만 보고 현혹되어 있을 때 오직 링컨 한 사람만이 올바른 진실을 바라보았다. 링컨은 잘못된 판단을 내리지 않았다. 그는 가장 유능한 정치가였고, 동시에 당대의 가장 훌륭한 군인이었다. 가난했고 교육의 혜택도 많이 받지 못한 그가 어디에서 이런 지혜를 얻은 것일까? 그것은 링컨의 두개골 구조가 특별해서도 아니고, 뇌세포가 특별히 훌륭했기 때문도 아니었다. 물론 논리력이 뛰어나거나 특별한 정신적 능력을 타고난 것은 더더욱 아니었다.

진리를 아는 것은 논리적인 추론을 통해 얻을 수 있는 것이 아니다. 오히려 그것은 직관이 작용했을 때 가능한 일이다. 링컨은 진리를 간파할 수 있었다. 하지만 링컨은 어디서, 언제 그것을 알게 되었던 것일까?

우리는 미국의 초대 대통령인 조지 워싱턴에게서 이와 비슷한 경우를 찾을 수 있다. 워싱턴 역시 믿음과 용기로 무엇이 진리인지 알고 있었다. 그래서 그는 길고 때로는 가망 없어 보이기까지 했던 시민혁명의 투쟁 기간 동안 13개 주 식민지들을 내내 하나로 응집시킬 수 있었다.

그리고 전쟁에서 항상 전략적으로 최선의 수단을 택했던 나폴레옹의 비범한 천재성에서도 마찬가지의 것을 찾을 수 있다. 나폴레옹의 위대함은 나폴레옹 자신에게 있는 것이 아니라 어떤 섭리에 의한 것임을 알 수 있다. 워싱턴과 나폴레옹의 이면에는 그들 자신을 훨씬 능가하는 더 위대한 무엇이 있었음을 우리는 알고 있다.

우리가 알고 있는 모든 위대한 인물들은 언제나 이와 같다. 그들은 진리를 알고 있다. 그러나 그 진리란 발견된 다음부터 비로소 존재하기 시작하는 것이며, 그것을 알아주는 마음이 있기 전까지는 존재할 수 없다. 워싱턴과 링컨과 나폴레옹은 세상의 모든 지식을 알고 있었다.

또한 앎을 소유한 정신적 존재와 직접적인 교감을 했고, 그래서 지혜로울 수 있었다. 지혜란 특별한 방식으로 내면화되고 움직이는 지식이라고 할 수 있다. 당신의 마음이 신의 마음과 조화를 이루도록 특별한 방식으로 행동하고 위대한 방식으로 생각하라. 지혜는 신의 정신을 읽음으로써 얻어지는 것이다.

04

신의 마음을 가져라

만물 안에는 만물을 관통하는 '우주적인 존재'가 있다. 이 유일한 참된 존재는 진정한 실체이며, 만물이 이것으로부터 시작되었다. 그리고 이것은 생각하는 물질이자 마음의 질료이다. 그것은 바로 신이다. 물질적 실체가 없는 곳에는 생각도 존재할 수 없다. 물질이 없다면 존재가 없기 때문이다.

따라서 생각이 존재한다는 것은 생각을 할 수 있는 물질이 있음을 의미한다. 생각은 기능이 아니다. 기능은 운동이기 때문이다. 운동이 생각한다는 것은 도저히 생각할 수 없는 일이기 때문이다. 생각은 또한 진동일 수 없다. 진동 역시 운동이며, 운동은 생각을 갖지 못하기 때문이다. 운동은 그저 물질의 움직임에 불과하다. 만약 지성이란 것이 있다면, 그것은 분명 운동이 아닌 물질 안에 있을 것이다. 따라서 생각은 뇌 안에서 일어난 운동의 결과가 아니다. 만약 생각이 뇌 안의 움직임에 있다면 그것은 '뇌의 물질'이 행한 움직임이 아닌 뇌 물질 안에 존재해야 할 것이다.

그러나 생각은 뇌 물질 안에 있는 것도 아니다. 왜냐하면 뇌 물질은 그 자체로서는 생명이 없고, 따라서 무지할 뿐만 아니라 죽은 것이기 때문이다. 생각은 뇌에 생명을 불어넣는 생명의 원천 안에, 곧 '영적 존재' 속에 있다. 곧 생각하는 것은 뇌가 아니라, 인간이 생각한다. 그리고 뇌를 통해 생각을 표현한다.

여기, 생각하는 어떤 영적 존재가 있다. 인간의 영적 존재가 우리 몸 곳곳에 스며들어있고 몸 안에서 생각하고 있는 것처럼, '근본 영적 존재', 곧 조물주 자신이 모든 자연 속에 스며들어있고, 자연 안에서 생각하고, 자연을 인식한다. 자연은 인간과 마찬가지로 생각을 지녔고, 인간 이상으로 많이 알고 있다. 자연은 모든 것을 알고 있다. '모든 마음All-Mind'은 태초부터 모든 만물과 소통해 왔고, 모든 지식을 소유하고 있다. 인간은 그중 단지 몇 가지 경험을 할 뿐이며, 그것이 인간이 아는 전부이다. 그러나 신은 창조 이래로 일어난 모든 사건들을 경험하였다.

즉 별이 파괴되는 것이나 혜성의 움직임, 참새가 추락하는 것까지 모든 것을 포함한다. 지금 존재하는, 그리고 지금까지 존재했던 모든 것이 우리 주위를 둘러싸고, 우리를 감싼 모든 방향에서 우리에게 밀려드는 이 '모든 마음' 안에 들어있다.

지금까지 쓰인 백과사전을 모두 합친다 해도 인류가 그 속에서 살고 움직이며 존재해 온 '모든 마음'이 가진 광대한 지식에 비하면 사소한 것에 지나지 않는다. 인간이 영감을 통해 깨닫는 진리들은 바로 이 마음이 가진 생각이다. 만약 생각이 아니었다면 인간은 진리를 알 수 없었을 것이다. 진리 자체가 존재하지 않았을 것이기 때문이다. 또한 생각들이 제 안에 존재하도록 한 마음이 없었다면, 진리는 생각으로서 존재할 수 없었을 것이다.

따라서 마음은 생각하는 물질 외의 다른 것일 수 없다. 인간은 생각하는 물질이며, '우주적인 존재'의 한 부분이다. 하지만 인간은 제한되어 있는 반면, 그 우주적인 존재는 끝이 없다. 모든 시성과 일체의 힘은 이 존재로부터 나온다.

마음은 우리 존재 곳곳에 스며들어 있으며, 그 마음은 모든 앎과 모든 진리를 소유한다. 그리고 우리에게 그 앎을 나눠주고자 애쓴다. 예언자와 선지자 그리고 과거의 모든 위대한 이들은 인간의 가르침이 아니라 신으로부터 받은 것을 통해 위대해졌다.

이 끝없이 무궁무진한 지혜와 힘의 자기장이 당신 앞에 열려 있다.

당신은 이것을 원하는 만큼, 필요한 만큼 무제한 꺼내 쓸 수 있다. 그리고 원하는 것이 될 수 있고, 하고자 하는 일을 할 수 있으며, 원하는 것을 가질 수 있다. 이를 위해서는 무엇보다 진리를 알고 지혜를 가질 수 있도록, 올바른 목표와 그 목표에 도달할 수 있는 올바른 수단을 깨달을 수 있도록, 그리고 그 수단을 사용하는 데 필요한 힘과 능력을 지닐수 있도록 신의 마음을 가져야 한다.

이 장을 마치면서 이제 당신은 오로지 신과 정신적 합일을 이루는 일에만 집중하도록 결심하라.

05

몸과 마음을 다스려라

만약 우리가 신처럼 된다면 신의 생각을 읽을 수 있다. 그렇지 않다면 영감으로 진리를 알아내는 것이 불가능하다는 것을 알게 될 것이다. 불안이나 걱정, 두려움이 극복되기 전까지는 위대한 인간이 될 수 없다. 불안에 떠는 사람, 걱정에 휩싸인 사람, 공포에 벌벌 떠는 사람은 진리를 발견할 수 없다. 이런 심리 상태의 사람은 서로 올바른 관계를 맺는 것도, 신의 생각을 읽을 수도 없다.

물질적 여유가 없다면, 그래서 사업 문제나 경제적인 문제로 불안해하고 있다면, 1부「부자가 되는 비밀 The Science of Getting Rich」을 다시 한번 읽어볼 것을 권한다. 눈앞에 닥친 경제적인 문제가 아무리 복잡하고 방대하다 해도 해결책을 찾을 수 있다. 금전적인 문제에 대해서도 결코 걱정할 필요가 없다. 원하는 것을 하고자 하는 자신의 의지만 있다면 충분히 상황을 극복하고, 자신에게 필요한 것을 모두 가질 수 있으며, 부자가 될 수도 있다. 당신이 정신적인 성장과 발전을 위해 사용했던 힘의 원천은 물질적인 것을 충족시키는 데도 동일하게 사용된다.

이것을 뇌리에 깊이 각인할 때까지, 우리 마음속에서 모든 불안이 사라질 때까지 계속 곱씹도록 하라. 물질적인 부를 틀림없이 얻을 수 있다.

혹시 건강에 대해서 불안해하고 있다면, 지금 원하는 것을 모두 하고도 남을 만큼 완벽한 건강이 당신의 것이 될 수 있음을 진실되게 믿으라. 언제든 당신에게 부와 영적인, 정신적인 힘을 주고자 하는 그 존재가 즐거운 마음으로 건강을 선사해 줄 것이다. 당신은 오직 구하기만 하고 삶의 단순한 법칙을 따르고 올바르게 산다면, 완벽한 건강을 가질 수 있을 것이다. 좋지 않은 건강은 극복하고 두려움을 없애라.

그러나 금전적, 신체적 불안과 걱정을 극복하는 것만으로는 충분치 않다. 도덕적으로 잘못된 행동을 하고픈 충동도 없애야 한다. 올바른 생각을 가지고 행동의 동기를 찾을 것이며, 그 동기들이 항상 올바른 것이어야 한다.

모든 욕망을 버리고, 식욕에 지배되지 말고 대신 식욕을 다스리기 시작하라. 배고픔을 달랠 정도로만 먹고, 식탐을 충족시키기 위해 먹어서는 안 된다. 우리의 몸은 정신적인 것에게 순종해야만 한다.

욕심을 버려라. 부자가 되고자 하는 과정에서 비열한 동기를 품으면 안 된다. 부를 원하는 것은 정당하고 옳은 일이다. 하지만 육체적 욕망을 위해 그러는 것은 옳지 않다.

자만심과 허영을 버려라. 다른 사람을 지배하거나 그들을 이기려는 생각을 버려라. 이것은 아주 중요하다. 다른 사람을 지배하고 싶은 이기적인 욕망보다 더 끈질긴 유혹은 없다. 다른 사람에게 존경을 받고, 선생님으로 불리는 것보다 더 달콤한 유혹은 없다. 어떤 형태로든 다른 사람을 지배하려는 생각은 이기적인 인간들이 비밀스럽게 품는 목표이다. 경쟁 사회에서는 다른 사람을 지배하거나 권력을 얻으려고 투쟁한다. 그러나 그 같은 사회나 세계에서 횡행하는 목표와 욕망을 넘어서서 당신은 오직 생명만을 추구해야 한다.

질투심을 버려라. 순간 당신이 원하는 모든 것을 가질 수 있다. 다른 사람이 갖고 있는 것을 부러워하거나 질투할 필요가 없다. 무엇보다도 누군가를 향해 적의나 원한을 품지 않도록 하라. 그런 마음은 당신이 얻고자 하는 보물들을 모두 가진 그 존재로부터 스스로를 멀리 떼어놓게 만든다.

"이웃을 사랑하지 않는 자는 신도 사랑하지 않는다."

편협하고 사적인 야망은 옆으로 제쳐놓고 최고의 선을 추구하라. 비열한 이기심에 휘둘리지 않도록 결심하라.

06

사회를 보는 관점

믿음이 없이는 위대해질 수 없다. 진정으로 위대한 사람들의 공통적으로 두드러진 특징은 흔들리지 않는 믿음을 갖고 있다는 것이다. 암울했던 전쟁을 치른 에이브러햄 링컨이 그랬고, 조지 워싱턴이 그랬다. 자신이 그토록 끔찍하고 혐오스럽게 여기던 노예무역의 실상을 온 세상에 알리기 위해 아프리카를 누비고 다니던 선교사 리빙스턴이 그랬으며, 우리가 알고 있는 전 세계의 모든 인물들이 그랬다.

자신이 가진 힘이나 자신에 대한 믿음이 아니라, 원칙적인 믿음. 올바른 것만을 지지해 주며, 언젠가는 우리에게 승리를 안겨주리라는 것을 의심하지 않는 믿음. 이러한 믿음이 없다면 진정으로 위대한 사람이 되지 못한다. 원칙에 대한 믿음이 없는 사람에게는 많은 것을 기대할 수 없다. 이런 믿음을 가질 것이냐 말 것이냐의 어부는 세상을 보는 자신의 관점에 달려있다. 이 세계가 완성된 작품이 아니라, 계속 변화하며 바뀌고, 진화하고 생성되는 것이라는 사실을 볼 수 있는 눈이 필요하다.

수백만 년 전에 신은 매우 미개하고 조잡한 생명체들을 창조했다. 미개하고 조잡하긴 했지만 그 생명체는 나름대로 완벽했다. 점차 시간이 흐르면서 보다 복잡하고 고등한 생명체와 동물, 식물 등이 나타났다.

세계는 발전하면서 한 단계 한 단계를 거쳤고, 각 단계들은 그 수준에서 완벽했으며 더 높은 단계로 이어졌다. 여기에서 강조하고 싶은 것은 소위 말하는 '하등한 생명체'가 그 종의 수준에서는 이후의 고등 생명체만큼이나 완벽하다는 것이다. 이것은 지금의 세계에서도 마찬가지이다. 물질적으로, 사회적으로, 산업적으로 우리가 살고 있는 세계는 훌륭하며 모든 것이 완벽하다. 어디에도, 어떤 부분도 온전히 완성되지는 않았지만, 신이 하신 일이므로 세계는 모든 것이 완벽하다. 세상을 보는 우리의 관점도 이렇게 갖도록 해야 한다. 이 세계와 세계 안에 있는 모든 것은 아직 완성되지는 않았으나, 완벽하다고 말이다.

"세상은 모든 것이 올바르다."

위의 말은 시인 브라우닝이 한 말이다. 이것이야말로 위대한 사실이다. 잘못된 어떤 사물도, 잘못된 어떤 사람도 없다. 우리는 인생의 모든 것을 이런 관점에서 바라보아야 한다. 자연 안에 잘못된 것은 하나도 없다. 자연은 발전해 가는 위대한 존재이며, 모든 것의 행복에 기여한다. 자연에 있는 일체의 것은 선하다. 자연 안에는 악이 없다. 창조는 아직 끝나지 않았고 여전히 불완전하지만, 과거에 비해 점점 더 많은 것을 우리에게 줄 것이다. 자연은 신의 일부가 표현된 것이며, 신은 사랑이다. 자연은 완벽하다. 다만 아직 완성된 것은 아니다.

이것은 인간 사회와 정부도 마찬가지다. 우리는 사업적인 것과 자본의 독점, 파업, 직장 폐쇄 등을 자주 목격한다. 이런 일들은 앞으로 나가기 위한 움직임의 일부이기 때문에 사회가 완성되려는 과정에서 흔히 생기는 현상들이다. 물론 사회가 완성된다면 불화가 없어지겠지만, 이러한 과정을 겪지 않고는 완성할 수 없다. 파충류의 시대에 공룡 같은 것들이 다음 시대를 위해 필요했던 것처럼 J. P. 모건 같은 인물 역시도 미래의 시대를 위해 필요하며, 파충류들도 그 나름대로 완벽했던 깃처럼 J. P. 모건 역시도 그 나름대로 완벽했다. 모든 것이 나름대로 다 최선이었다.

사회와 정부, 기업을 지금으로서는 완벽하다고, 완전해지기 위해 **빠른** 속도로 진보하고 있다고 받아들여라. 그런 생각을 갖게 되면 더 이상 세상에는 두려워하거나, 걱정하거나, 불안해할 것이 전혀 없다. 그리고 이제는 그 어떤 것에 대해서도 불평하지 말라. 그것들은 모두 완벽하다. 지금이 인간이 도달한 발전단계에서 최고의 세계이다.

이런 주장이 대부분의 많은 사람들에게 아주 어리석은 말처럼 들릴 것이다. "뭐라고? 어린아이들이 더럽고 불결한 공장에서 육체적 노동에 시달리고 있는 것이나, 퇴폐 술집들이 아무렇지 않단 말인가? 그것들을 다 좋다고 받아들이고, 괜찮다고 말하란 말이야?"

원시인이 동굴에서 살며 겪어야 했던 것들을 나쁘다고 말할 수 없는 것처럼, 위에서 열거한 현상들도 반드시 나쁘다고만은 할 수 없다. 원시인들의 생활방식은 그야말로 원시적인 단계였지만, 그 단계에서만큼은 완벽했다. 그것은 또한 그 나름대로 훌륭하다.

술집을 비롯한 온갖 악의 소굴들도 많은 사람들이 그런 곳들을 좋아한다면 그 나름대로 필요하다. 많은 사람들이 갈등이 사라진 세상을 원할 때, 그들은 그런 세상을 만들 수 있을 것이다. 우리가 미개하고 야만적인 생각을 벗어나지 못한다면 사회는 무질서에서 자유롭지 못하며 계속해서 야만적인 사회가 될 것이다. 사회를 만드는 것은 인간이다. 따라서 인간이 야만적인 생각을 벗어야 사회도 야만적인 모습을 벗고 나아질 것이다.

이제 불완전한 사회를 완성하기 위해 한 사람 한 사람이, 나아가 인류 전체가 한 단계 더 높은 관점을 가져야 한다. 발전된 사회에서는 이미 일어나고 있는 일이다. 사회 지도층이나 고용주들과 노동자들이 스스로 더 높은 관점을 갖거나 또 그렇게 되기를 간절히 원할 때, 완벽한 유대감과 조화를 이룰 수 있다. 그리고 보다 더 높고 더 순수하고 더 조화로운 사회가 될 것이다.

이 세상은 좋은 곳이다. 또한 점점 더 좋아지고 있다. 현재 불공평이나 불화가 있다고 하더라도 그것은 잠시 흔들릴 뿐이다. 시간이 지나면 다 없어질 것이다. 이런 관점을 가지면 보다 멀리 바라볼 수 있디.

그리고 사회와 자기 자신을 크게 바라볼 수 있으며 올바른 방식으로 일을 처리할 수 있다. 어떤 관점으로 세상을 바라보느냐에 따라 엄청나게 많은 것이 달라진다.

"세상은 모든 것이 올바르다."

잘못된 것이 있다면 나의 개인적인 태도일 뿐이다. 이제부터 나의 태도를 올바르게 바로잡을 것이다. 앞으로 자연의 현상과 온갖 사실들, 온갖 사건들, 온갖 상황들, 온갖 사회적 조건, 정치, 정부 그리고 경제 등을 가장 높은 관점에서 바라볼 것이다. 그것들은 아직 완성된 것은 아니지만 모든 것이 너무도 완벽하다. 그것들은 모두 신이 만드신 작품이다. 명심하라, 모든 것은 더할 나위 없이 올바르다.

07

개인을 보는 관점

사회를 바라보는 관점도 중요하지만, 그보다 더 중요한 것은 동료나 지인, 친구, 친척, 가족 그리고 무엇보다 자신을 바라보는 관점도 중요하다.

당신은 이 세상을 사라지고 타락해 가는 것이 아니라, 가장 아름다운 완성을 향해 나아가고 있는 완벽하고 영광스러운 무엇이라고 보아야만 한다. 마찬가지로 인간도 타락하고 가증스러운 존재가 아니라, 완벽해지기 위해 계속 발전하고 있는 존재로 보아야 한다.

'나쁜' 또는 '사악한' 사람은 없다. 철로 위에서 무거운 기차를 끌고 있는 엔진은 엔진 그 나름대로 볼 때는 완벽하고 좋다. 엔진을 움직이는 힘도 그 나름대로 좋다. 설령, 선로가 끊겨져 기차가 내동댕이 쳐졌거나 탈선이 되었다고 해서 엔진이 나쁘거나 악한 것은 아니다. 여전히 완벽하고 좋은 엔진이지만 선로를 벗어난것 뿐이다. 따라서 잘못된 장소에 놓여있다거나 불완전하고 일부분만 사용되었다고 해서 악한 것은 아니다. 마찬가지로 악한 사람도 없다. 그저 좋지만 길을 벗어난 사람이 있을 뿐, 그것 때문에 비난이나 벌을 받아야 할 필요는 없다. 그들은 그저 다시 선로 위에 올라서기만 하면 되는 것이다.

제대로 발전이 안 되었거나 불완전한 것들은 가끔씩 악해 보인다. 그것은 우리의 사고방식이 그렇게 길들여져 있기 때문이다. 새하얀 백합꽃을 피워줄 구근도 현재의 모습은 예쁘지 않다. 오히려 징그럽게 느낄 수도 있을 것이다. 그러나 그것이 백합꽃을 피워낼 싹이라는 사실을 알게 되면, 겉모양만 보고 구근을 나쁘게 말한 것이 얼마나 어리석었던가를 깨달을 것이다. 구근은 그 나름대로 완벽하다. 완벽하지만, 아직 완성되지 않은 백합일 뿐이다. 따라서 겉모습이 아무리 추하다 할지라도, 그것과 무관하게 사람을 판단할 수 있는 눈을 가져야 한다. 모든 인간은 존재의 각 단계에서는 완벽하다. 그리고 완성되어가는 중이다. 명심하라. 그들은 더할 나위 없이 올바르다.

일단 이런 사실을 이해하고 이런 관점을 가진다면, 당신은 이제 다른 사람들의 단점을 찾거나 그들을 판단하고, 비난하려는 욕망이 모두 사라질 것이다. 더 이상 우리는 타락한 영혼을 갖고 있는 존재가 아니다.

오히려 천사가 되어 영광스러운 천국의 완성이라는 과업을 달성하기 위해 일하는 존재이다. 우리는 선하며, 완벽함에 도달하기 위해 애쓰는 위대하고 영광스러운 존재라는 걸 잊지 말아야 한다.

우리는 동료들과의 관계에 있어서도 훨씬 크고 넓은 마음으로 대해야 한다. 우리의 관점은 완전하다. 우리는 좋은 말만 할 줄 안다. 완성을 향해 가는 위대하고 영광스러운 인간, 이것은 더할 나위 없이 훌륭하다. 또한 동료들과의 교제는 우리의 정신적인 태도를 확대 시킬 것이며, 우리는 그들을 위대한 존재로 보고, 그들과의 일을 위대하게 다룰 것이다.

하지만 당신이 이와 반대되는 관점을 가지고, 모든 사람을 타락하고 퇴보한 존재로 보고자 한다면, 당신은 점점 생각이 좁아지고 움츠러들게 될 것이다. 다른 사람들의 일을 처리할 때도 편협한 방식으로 하게 될 것이다. 그러므로 앞에서 말한 것을 반드시 잊지 말고 올바른 관점을 갖도록 노력해야 한다. 그렇게 한다면 당장 당신은 마치 위대한 사람이 동료들을 대하듯이 당신이 알고 있는 사람들과 이웃, 그리고 가족을 대하게 될 것이다. 또한 자기 자신도 이런 관점에서 대해야 한다.

우리는 항상 자기 자신을 발전하고 있는 위대한 존재로 보아야 한다.

그리고 자신에게 이렇게 외쳐라.

"내 안에는 나를 만들었고 모든 것이 완벽함을 향해 움직이는 절대자가 있다. 세계는 미완성이라도 내 의식 속의 절대자는 완전하고 완벽하다. 내 개인의 태도만 올바르게 바로잡는다면 그 어떤 것도 잘못되지 않는다. 그리고 그 어떤 것도 두려워할 필요가 없으며, 어떤 위기도, 어떤 재난도 닥쳐오지 않을 것이다. 내

가 살아가는 한, 나는 신께서 하신 일을 좋은 것으로 받아들일 것
이며, 나 자신을 좋은 존재로 받아들일 것이다."

08

완전히 전념하고 몰두하라

　세상의 모든 것, 세상의 모든 사람과 올바른 관계를 맺을 수 있는 관점을 갖게 되었다면, 다음으로 해야 할 일은 당신을 이끌어 줄 무언가에 전념하는 것이다. 차라리 이것은 자신을 그대로 바치는 '헌신'의 의미에 더 가깝다. 여기서 당신이 전념해야 할 대상은 당신 안의 영혼이다. 당신 안에는 언제나 높은 곳으로, 발전적인 길로 나가도록 항상 부추기는 어떤 존재가 있다. 그것이 바로 신성한 힘의 원천이다. 당신은 이것을 따라야 한다. 우리가 위대해지고자 한다면 이를 부정해선 안 되며, 아무런 의심 없이 반드시 따라야 한다. 위대함이란 그 안에 내재되어 있는 무언가의 발현이기 때문이다. 그것은 정신도, 지성도, 이성도 아니다. 이성적인 힘에만 의지한다면 결코 누구도 위대해지지 못한다. 이성은 힘의 원천이나 도덕에 대해서는 알지 못하기 때문이다. 어느 한쪽만을 찬성하여 주장한다는 점에서, 이성은 변호사를 닮았다. 도둑이 훌륭한 지성을 갖고 있다면 도둑질하고 강도질하는 데 필요한 계획을 세울 것이며, 성자가 훌륭한 지성을 가지고 있다면 훌륭한 자선사업을 벌일 것이다.

지성은 다만 우리가 올바른 일을 해낼 수 있는 최선의 방법과 길을 보도록 도와줄 뿐, 결코 올바른 일 자체를 보여주지는 않는다. 지성과 이성은 이기적이지 않은 인간이 이기적인 목적을 위해 사용할 때처럼 이기적인 인간이 자신의 이기적인 목적을 위해 사용할 때도 아무 문제 없이 동원된다. 그러므로 힘의 원천을 따르지 않고 지성과 이성을 사용한다면 아주 유능한 인간이 될 수 있을지는 몰라도 진정한 위대함을 지닌 사람은 되지 못할 것이다. 사람들은 지성과 이성의 힘을 사용하기 위해서는 부단히 노력하지만, 내면의 영혼에 순종하는 법을 따르기 위해서는 아무런 노력도 하지 않는다. 당신의 태도가 잘못될 수 있는 유일한 원인이 있다면 바로 이것, 영혼에 전념하고 귀 기울이는 데 실패했기 때문이다.

누구든 자신의 중심으로 다시 되돌아간다면 모든 관계에서 올바른 것을 말해주는 순수함을 발견할 수 있다. 위대해지고 힘을 가지기 위해 당신이 해야 할 유일한 것은, 그 위대한 내면 안에서 순수함을 찾았을 때 그것에 삶 전체를 맞추는 것이다. 이때 어떤 식의 타협이라도 개입된다면 당신은 힘을 잃어버리는 대가를 치를 것이다. 반드시 명심하기 바란다.

당신의 마음속에는 이미 예전에 당신 자신이 키워낸 많은 생각이 자라고 있다. 그리고 그런 생각은 습관이라는 힘을 빌려 당신의 행동을 지배하고 있다. 그것들을 모두 내버려라. 이미 극복한 유치한 생각들은 끊어버려야 한다.

사회적으로든 다른 측면으로든, 당신이 계속 따르고 있는 잘못된 관습들이 많이 있을 것이다. 당신 스스로도 그 생각들이 당신을 하찮고 변변찮은 사람으로 만들며 당신을 시시하게 행동하게끔 한다는 사실을 알고 있다. 그러므로 그 모든 것을 딛고 올라서라. 나는 지금 관습이나, 사람들이 일반적으로 받아들이는 옳고 그름의 기준을 무조건 무시하라고 말하는 것이 아니다. 누구도 그렇게 할 수는 없다. 그저 사람들 대부분을 얽매어버린 편협한 구속들로부터 당신의 영혼을 구해내라고 말하는 것이다. 종교든 무엇이든, 시대에 뒤떨어진 제도를 지원하는 데 시간과 정력을 퍼붓지 말라. 스스로 믿지 않는 주의와 신조에 속박당하지 말라. 자유로워져라. 혹시 몸이나 마음에 성적으로 방종한 습관이 배어있는 사람이 있다면, 당장 그 습관을 없애라. 일이 잘못될지 모른다는, 또는 배신을 당하거나 신뢰받지 못할 것이라는 불안에서 계속 헤어 나오지 못하고 있다면, 그 역시 당장 극복하라. 갖가지 상황에서 갖가지 모습으로 아직도 이기적인 행동을 하는 사람이 있다면, 당장 그런 행동을 그만두어라. 지금 열거한 구습들을 모두 없애고, 당신이 상상할 수 있는 최선의 행동들로 그 자리를 대신하라. 발전하고 싶다면 그리고 지금 발전하지 못하고 있다면, 그것은 오로지 실천이 생각을 따라잡지 못했기 때문임을 명심해야 한다. 생각에는 그만큼의 행동도 따라야 하는 것이다.

원칙이 자신의 생각을 지배하게 하고, 그 생각에 따라 살아가

라. 일터에서도, 정치에서도, 이웃의 일이나 가정에서도 당신이 할 수 있는 최선의 생각을 당신의 태도 속에서 표현하도록 하라. 대단한 사람이든 하찮은 사람이든, 모든 인간, 특히 가족을 대할 때는 당신이 상상할 수 있는 최선의 친절과 따뜻함으로 정중하게 그들을 대하라. 다음과 같은 생각을 항상 마음에 지녀라. 당신은 여러 신들과 함께 있다고 생각하며, 신처럼 행동하라. 그러므로 어떤 행동이든 그것에 걸맞아야 한다. 철저하게 내면에 전념할 수 있는 길은 얼마 되지도 않으며 단순하다. 위대한 사람이 되고 싶다면 절대 아랫사람으로부터 지배받지 않아야 한다.

그리고 육체적 충동의 노예가 되어서도 안 된다. 언제나 육체보다 마음을 앞에 놓아라. 하지만 원칙을 바로 세우지 않는다면, 마음은 이기적이고 부도덕적인 길로 들어설지 모른다. 그러므로 마음은 다시 영혼에 복종해야 한다. 물론 영혼은 개인의 앎이라는 한계를 넘어서지 못한다. 그렇기 때문에 우리는 신에게 복종해야 한다. 이것이야말로 가장 높은 수준의 전념이고 헌신이다. 이렇게 말하라.

"나의 육체는 마음을 따를 것이다. 나의 마음은 영혼을 따를 것이다. 그리고 나의 영혼은 절대자의 가르침에 복종할 것이다."

철저히, 그리고 완전히 전념하고 몰두하라. 그러면 당신은 위대함과 힘을 갖기 위한 두 번째의 위대한 단계를 마친 것이다.

09

자신과 신을 동일시하라

신이 자연과 사회와 모든 인류의 발전을 원하고 있다는 것을 깨달았다면, 그리고 이 모든 것과 당신을 조화시켰고, 스스로를 가장 위대하고 높은 것을 향해 나아가도록 이끌어주는 존재에게 자신을 완전히 복종했다면, 다음 단계는 당신 자신 안에 있는 힘의 원천이 다름 아닌 신이라는 사실을 제대로 인식하고 받아들이는 것이다. 당신은 스스로를 의식적으로 최고의 존재와 하나로 생각해야 한다. 이것은 잘못된 생각도 무분별한 태도도 아니다. 이는 분명한 사실이며, 당신은 그것을 인정해야 한다. 당신은 이미 신과 하나이다. 그리고 그것을 사실로 의식해야 한다.

이 세상 만물의 재료가 되는 한 가지 물질이 있다. 그리고 이 물질은 모든 것을 창조해내는 힘을 가지고 있으며, 모든 힘이 그 안에 내재되어 있다. 이 물질은 의식이 있고 생각을 할 수 있기 때문에 완벽하게 이해하며 지성을 가지고 활동한다. 우리는 그러한 물질이 있고, 그 물질이 생각한다는 사실을, 그리고 이 모든 것이 진실임을 알고 있다. 인간 역시도 물질이다.

인간이 물질이 아니라면 존재하지조차 않을 것이다. 따라서 인간이 물질이고 생각을 하고 의식이 있다고 한다면, 인간은 '생각하는 물질'이라 할 수 있다. 그리고 이 생각 하는 물질은 모든 생명과 힘의 원천이 그 육체적 형태 안에 구현된다. 인간은 신과 다른 존재가 될 수가 없다.

신은 하나이며 또한 어디에나 존재한다. 그 원천에 존재하는 신은 또한 인간 안에 존재한다. 따라서 신에게 있는 모든 재능과 힘, 가능성은 물론 소수의 예외가 있긴 하나 인간에게도 모두 있다. 하늘과 땅의 모든 힘이 인간에게 주어졌다. 인간 안에 있는 힘의 원천은 바로 인간이며, 인간은 곧 신이다.

인간은 근본 물질이며 모든 힘과 가능성들을 갖고 있긴 하지만, 그의 의식은 한계가 있다. 알아야 할 것을 다 알지 못하며, 그래서 실수를 저지르기 쉽다. 이런 실수를 피하려면 인간은 모든 것을 다 아는 자신 밖의 어떤 존재와 그의 마음을 하나로 묶어야만 한다. 의식적으로 신과 하나가 되어야 한다. 인간을 에워싸고 있는 마음이 사방에, 숨결보다 가깝고, 손과 발보다 더 가까운 곳에 있다. 그것은 온 땅이 격렬하게 변하던 과거에서부터 지금 순간 낙엽이 떨어진 것에까지 이르는 무수한 기억과 벌어진 모든 일에 대한 기억을 갖고 있다. 그 기억에는 대자연이 감추고 있는 위대한 목적도 들어 있으며, 그래서 앞으로 무슨 일이 벌어질지에 대해서도 이미 알고 있다.

인간은 과거와 현재, 미래까지, 모든 것을 알고 있는 이 마음에 둘러싸여 있다. 지금까지 인간이 했던 모든 행동과 기록했던 모든 것이 그 안에 존재한다. 인간은 이 마음과 동일한 재료로 만들어졌으며, 그것으로부터 나왔기 때문에, 충분히 스스로도 무엇인지 알 수 있는 그 존재와 자신을 동일시할 수 있다. 자신과 신을 동일시하는 것은 스스로가 의식적으로 인정함으로써 가능해진다. 신은 유일하며 모든 것이 그 한 가지 물질 속에 있다는 사실을 받아들이자. 그리고 당신은 다음의 내용을 명심하라.

오직 하나만이 존재하며, 그 하나는 모든 곳에 존재한다. 나는 의식적으로 최고 존재와 나 자신을 동일시한다. 내 안에는 지고의 존재가 있으며, 신성한 삶을 살 것이다. 나는 무한한 의식과도 하나이며, 오직 하나의 마음만이 존재하며, 나는 그 마음이다. 이것을 말하고 있는 나는 바로 신이다.

앞 장에서 소개한 내용들을 잘 따랐다면, 그래서 올바른 관점을 갖고 내면의 영혼에 복종했다면, 의식적으로 자신과 신을 동일시하는 일을 큰 어려움 없이 할 수 있을 것이다. 그리고 이것이 성공한다면, 당신이 찾던 힘은 당신의 것이 될 수 있다. 그것은 당신이 바로 모든 힘을 가지게 될 것이기 때문이다.

10
생각을 형상화하라

당신은 근본 물질이며 생각의 중심이다. 그리고 근본 물질의 생각은 무언가를 창조해 내는 힘을 갖고 있다. 그렇기 때문에 근본 물질이 어떤 생각을 하면, 그것이 형상화되어 마음속에 자리 잡게 되며, 그것은 반드시 눈에 보이는, 소위 물질적인 형태로 존재하게 된다. 그리고 생각하는 물질이 품은 마음속에 있던 형상은 실재가 된다. 인간의 눈에 보이든 보이지 않든, 그것은 실재하게 되는 것이다. 생각하는 물질이 갖고 있는 생각이 실재라는 사실을 당신은 반드시 명심해야 한다. 비록 눈에 보이지 않을지라도 그것은 실제로 존재한다. 스스로에 대해 어떻게 생각하는지가 자기 안에서 형태화된다. 스스로 생각함으로써 만들어진, 보이지 않는 형상으로 주위를 온통 채우라.

만약 당신이 어떤 것을 원한다면 그것을 마음으로 명확하게 그려보고, 그 그림이 뚜렷한 생각의 형태를 가질 때까지 끊임없이 생각하라.

이를 실천하는 과정에서 신과 분리되는 행동만 하지 않았다면, 당신이 원하던 것은 어느덧 물질적인 형태를 갖고 당신에게 올 것이다. 단 이 과정에서는 우주를 창조한 법칙은 반드시 따라야 한다.

스스로를 병과 연결시키는 생각은 절대 떠올리면 안 된다. 오직 건강에 대한 것만을 생각해야 한다. 강하고 열정적이며 완벽하게 잘 지내고 있는 건강한 모습만을 생각하라. 이 생각을 창조적인 존재에게 깊이 각인시키면, 그리고 이를 실천하면서 물질적인 육체가 창조된 법칙에 어긋나지 않는다면, 건강을 바라는 그 생각이 당신에게 실제로 나타나게 것이다. 이것은 분명한 사실이다. 단 법칙을 정확히 따라야 한다.

자기가 되고 싶은 모습을 그대로 생각으로 형상화하라. 그리고 그 형상이 시각화될 수 있도록 가능한 완벽하게 이상을 세워라.

예를 들면 위대한 사람을 꿈꾸는 젊은 법학도라면, 앞에서 소개한 내용의 절차에 따라, 우선 자신의 모습을 감히 누구도 능가할 수 없을 뛰어난 언변과 설득력을 가지고 온갖 시식과 진실, 지혜를 끝없이 추구하는 위대한 변호사의 모습을 상상하라. 비록 현재는 법학도에 불과할지라도, 그 변호사가 상상할 수 있는 모든 경우와 모든 사건에 대해서, 그 위대한 변호사의 모습이 자신이라 여기며, 생각의 형태가 습관처럼 더욱 명확한 모습으로 마음속에 자리 잡도록 해야 한다. 그렇게 되면 내부와 외부에서 창조적인 힘이 점점 작용하기 시작한다. 먼저 내부에서는 그 형태를 선명하게 그릴 수 있음은 물론, 외부에서는 그 형태를 구성하는 모든 중요한 요소들이 젊은 법학도가 목표를 향해 전진하도록 밀어내기 시작하는 것이다. 그리고 이러한 움직임이 시작되면, 신도 그와 함께 한다. 이렇게 되면 그 어떤 것도 젊은 법학도가 원하는 대로 되지 못하도록 막을 수 없다.

마찬가지로 음악을 공부하는 학생이라면 완벽한 연주로 관객을 감동시키는 음악가의 모습을 상상하고, 배우라면 자신이 생각할 수 있는 최고의 무대를 만드는 것을 상상할 수 있을 것이다. 농부와 기계공도 이와 똑같이 하면 된다.

우선 자신이 되고픈 이상형이 무엇이며, 그것에 대해 충분히 생각하여 반드시 올바르게 선택해야 하며, 또한 전반적인 측면에서 당신에게 가장 큰 만족을 주는 것을 선택해야 한다.

그러기 위해서는 주위 사람들의 충고나 제안에 너무 지나치게 신경쓰지 말아야 한다. 자신에 대해서 자신을 가장 잘 아는 사람은 자신뿐이며, 자신보다 더 나은 사람이 하는 말에 귀는 기울이되, 결정은 스스로 해야 한다. 자신이 되고 싶은 것을 다른 사람이 결정하도록 하지 말라. 스스로 되고 싶다고 생각하는 그 모습이 되라.

의무나 책임 등과 같은 잘못된 관념 때문에 그릇된 길로 빠지면 안 된다. 당신이 최고가 되는 것에 재동을 걸 정도로 다른 사람에 대해 막대한 책임과 의무를 지니는 것은 없다. 자기 자신에게 충실하라. 그렇게 되면 다른 사람에게도 감히 불성실할 수 없다. 무엇이 되고 싶은지를 결정했다면, 당신이 상상할 수 있는 최고의 개념을 설정하고, 그 개념을 생각의 형태로 만들라. 그 형태를 사실로 받아들이고, 그것이 자신에 대한 진실이라고 여기고, 그것을 믿으라.

반대하는 말들은 일절 듣지 말라. 다른 사람이 바보나 몽상가라고 놀리는 것도 신경 쓰지 말라. 대신, 계속 꿈꾸라. 항상 배고프고 가난했던 나폴레옹은 언제나 자신을 장군으로, 프랑스를 지배할 통치자로 상상했다. 그리고 마음속에 그렸던 자신의 모습은 그대로 실현되었다. 당신도 역시 마찬가지다. 지금까지 말한 모든 내용들을 명심하고, 다음 장에서 설명하는 내용대로 행동한다면 당신이 되고자 하는 모습이 될 수 있을 것이다.

11

자신을 완벽하게 믿어라

앞 장까지만 읽고 책을 덮어버린다면 당신은 절대 위대한 사람이 될 수 없다. 목표에 도달하지 못한 채 헛된 꿈만 꾸는 몽상가에 그쳤을 것이다. 수많은 사람들이 거기에서 중단하는 우를 범한다. 자신의 꿈을 행동으로 옮기고 마음속에 그린 형상을 구체화시키는 것이 얼마나 필요한가를 이해하지 못한 것이다. 여기에는 두 가지 단계가 필요하다.

1단계, 마음속에 형상을 설정하는 것, 2단계, 그 형상과 연결되는 모든 것을 실제로 자신에게 적용하는 것이다. 1단계에 관해서는 이미 앞에서 설명했으므로, 이 장에서는 2단계 지침에 대한 내용을 설명할 것이다. 일단 마음속에 형상을 만들었다면, 당신은 이미 마음속에서는 원하는 사람이 되어 있을 것이다. 다음은 밖으로도 자신이 원하는 사람이 되어야 한다. 그렇다고 당신이 지금 이 자리에서 그 일을 시작하는 것은 불가능할 것이다. 아직 이 세상 누구도 당신이 위대한 일을 하리라고 믿고 있지 않기 때문이다. 그것은 아직 당신이 이름을 알려진 존재가 아니기 때문이다. 하지만 작은 일들을 위대한 방식으로 해 나가는 것은 언제든 시작할 수 있다.

바로 여기에 모든 비밀이 숨어있다. 당신은 지금 당장 가정이나 가게, 사무실에서, 길거리 등 어느 곳에서나 위대해지고, 스스로를 위대한 사람이 되기 위해 일을 시작할 수 있다. 그러기 위해서는 당신이 해야 하는 모든 일을 위대한 방식으로 처리함으로써 가능해진다. 그 일이 너무나 사소하고 평범한 것일지라도, 당신이 하는 행동 하나하나에 위대한 영혼의 모든 힘을 쏟아부어야 한다. 그렇게 당신의 가족과 친구, 이웃에게 당신이 진정으로 어떠한 존재인가를 보여주어라. 이때 주의할 것은, 스스로를 자랑하거나 잘난 체하거나, 사람들에게 당신이 얼마나 위대한 사람인지 떠들고 다니지도 마라. 그냥 위대하게 살면 되는 것이다. 당신의 입으로 스스로 위대한 사람이라고 말한들 아무도 믿지 않겠지만, 만약 행동으로 당신의 위대함을 보여준다면 모두가 믿게 될 것이다.

먼저 가정에서 가족들에게 올바르고, 다정하며, 예의 바르고, 친절하게 대해주어라. 그러면 아내나 남편, 아이들, 형제자매들이 당신이 얼마나 위대하고 좋은 사람인지 알게 될 것이다. 나아가 다른 사람들과의 관계에 있어서도 위대하고, 올바르고, 예의 바르고, 친절하게 대해주어야 한다. 그렇지 않고서는 위대해질 수 없다.

그다음 가장 중요한 것으로, 진실에 대한 자신의 생각에 절대적인 믿음을 갖는 것이다. 행동함에 있어 매사에 신중해야 하며 절대로 서두르거나 성급해서는 안 된다. 올바른 길이라는 확신이 설 때까지 충분히 기다려야 한다. 그리고 일단 그 길을 찾았으면 온 세상이 그 생각에 반대한다 해도 신념대로 행동해야 한다. 사소한 일을 통해 절대자가 당신에게 말하는 바를 믿지 않으면 그보다 더 큰일을 할 때도 신의 지혜와 지식을 의지하지 않 게 될 것이다.

만일 진정으로 어떤 행동이 옳다는 판단이 든다면, 당장 실행에 옮기고 좋은 결과가 있을 것이라는 믿음을 가져라. 진정으로 어떤 것이 옳다는 확신이 든다면, 심지어 외견상으로는 정반대로 보일지라도 그것에 상관하지 말고, 옳다는 확신에 따라 행동하라. 큰일을 행할 때, 옳은 것을 인식하는 능력을 개발하는 한가지 방법은 사소한 일들에서 지금 당신이 옳다고 여기는 바를 절대적으로 믿는 것이다.

당신이 옳은 것을 찾아내는 능력을 개발해야만 신의 생각을 읽을 수 있다. 다시 말해 당신은 신의 생각을 읽는 법을 배우고 있는 것이다. 전지전능한 존재 앞에서는 그 어떤 위대한 일도 없으며, 어떤 것도 사소하지 않다. 신은 매일 태양을 제자리에 붙들고 있으면서 당신의 머리카락 수까지 세면서 동시에 참새가 떨어지는 순간도 놓치지 않는다. 신은 국가 간의 벌어지는 중대사만큼이나 매일매일 벌어지는 사소한 일들에도 같은 관심을 갖고 있다. 당신 역시 국가 간의 중대사뿐만 아니라 가족과 이웃의 일들에서도 올바른 것을 찾을 수 있다. 그리고 이를 가능하게 하는 방법은 그 사소한 일들과 관련하여 매일매일 당신의 눈에 하나씩 올바른 것들을 포함해 철저히 그것에 믿음을 갖는 것이다.

이성과 세상 사람들의 의견과 정면으로 대치되는 일일지라도, 그 일을 해야겠다는 생각이 마음 깊이 들면 그 일을 해야만 한다. 다른 사람의 제안과 충고를 듣긴 듣되, 언제나 행동은 자신의 마음속에서 옳다고 하는 바를 따르라는 것이다. 언제 어디서든 절대적인 믿음에 의지해 당신이 생각하는 올바름을 찾아내야 한다. 그러나 반드시 절대자에게 귀를 기울이고, 절대로 성급하거나 두려움이나 불안한 마음을 지닌 채 행동해서는 안 된다.

당신이 살아가는 동안 겪을 모든 일들과 상황마다 당신이 깨달은 올바름을 찾아내 의지해야 한다. 만약 어떤 사람이 어느 날 어느 장소에 있을 것 같다는 생각이 강하게 들면, 완벽한 믿음을 가지고 가서 그를 만나라. 그러면 그럴 가능성이 없어 보일지 몰라도 정말 그는 거기 있을 것이다. 만약 어떤 사람들이 연합을 했거나 어떤 일을 벌이고 있다는 느낌이 확실히 든다면, 실제 그 사람들이 그렇게 하고 있을 것이라는 믿음을 가져라. 가깝든 멀든 혹은 먼 과거든, 그리고 현재의 어떤 상황이나 사건이 올바른 것이었다는 확신이 든다면 당신의 확신을 신뢰하라.

처음에는 자신의 상황을 제대로 파악하는 일이 서툴러 실수를 하는 경우도 있을 것이다. 그러나 얼마 지나지 않아 옳은 길로 인도받게 될 것이다. 가족과 친구들도 차츰 딩신의 판단을 따르고 인도를 받기 시작할 것이다. 그리고 이웃과 동네 사람들이 당신에게 충고나 조언을 구하러 찾아올 것이다. 오래지 않아 당신은 작은 일들에서 위대한 사람으로 인정받을 것이며, 그런 일들이 차츰 쌓이다 보면 어느덧 점점 큰일과 관련된 일을 하게 될 것이다. 이때 당신에게 오로지 필요한 것은 바로 내면의 빛이며, 옳은 것에 대한 자신의 직관을 따르는 것이다.

당신은 영혼에 복종하고 자신을 완벽하게 믿어라. 절대 자신에 대해 의심을 하거나 의혹을 품지 말고, 자신이 실수할까 걱정하지 마라.

12

조급함과 두려움을 버리고
새로운 습관을 만들어라

물론 당신은 많은 문제−집안 문제·사회적인 문제·건강 문제·경제적인 문제 등−들을 가지고 있을 것이다. 빚도 갚아야 하고 약속도 지켜야 하는 등, 그래서 지금 당신은 잔뜩 불만스럽고 불편한 상황에 처해 있으며, 지금 당장이라도 조치를 취해야 한다는 생각이 절실할 수도 있다. 그러나 절대로 서두르거나 충동적으로 행동하는 것은 금물이다. 이런 사소한 문제들을 해결할 때도 당신은 신에게 의지할 수 있다. 절대 서둘지 않도록 하라. 이 세상은 평온하게 잘 돌아가고 있다.

당신 안에는 무적의 힘이 존재하고, 당신이 원하는 것들 안에도 똑같은 힘이 존재한다. 그 힘이 당신이 원하는 것들을 당신에게로 데려오거나 당신을 그에게로 데려간다. 반드시 그 점을 기억해야 한다. 딩신 안에 있는 신이 당신이 원하는 것 안에도 존재한다는 사실이다. 당신이 무언가를 간절히 바라면 그 힘이 그쪽으로 강력하고 확실하게 이끌고 가는 것과 마찬가지로 당신이 원하는 것 역시 당신에게로 이끌려온다는 것이다. 그러므로 그 생각을 한시도 잊지 않고 꾸준히 하면 당신이 바라는 것을 당신에게 이끌어오고 당신 주변에 모이게 히는 것이다.

즉 당신의 생각과 믿음을 버리지 않는 한, 모든 일은 반드시 잘 될 수밖에 없다. 잘못된 것이 있다면 오직 당신 자신의 마음가짐일 뿐, 그 역시 믿음을 가지고 두려워하지 않는다면 잘못될 리가 없다.

두려움을 갖게 되면 서두르게 된다. 두려움을 갖는 사람은 항상 시간에 쫓긴다. 하지만 옳다고 생각한 바에 따라 믿음을 가지고 행동한다면 늦을 일도, 빠를 일도 없으며, 결코 어떤 일도 잘못되지 않을 것이다. 일이 잘못되어가는 것처럼 보일지라도 동요해서는 안 된다. 그것은 단지 그렇게 보일 뿐이다. 나 자신 외에 이 세상에서 잘못된 것은 없으며, 내가 잘못된 것은 내가 잘못된 마음가짐을 가졌기 때문이다.

흥분하거나 걱정하거나 자꾸 다급해지면 조용히 앉아 차분히 생각하라. 무엇이든 좋으니 놀거리를 찾거나 휴가를 즐기러 떠나라. 그 자리를 벗어났다 돌아갈 즈음에는 모든 것이 잘 해결되어 있을 것이다.

만약 당신이 조금이라도 조급해하고 있는 마음이 든다면 위대한 마음가짐에서부터 그만큼 멀어지고 있다고 생각하라. 조급함과 두려움은 우주적인 정신과의 소통을 즉각 끊어버린다. 두렵고 조급한 마음이 없어지기 전까지는 힘과 지혜와 지식을 얻지 못한다. 또한 조급한 마음은 내면에 있는 힘의 원천이 움직이지 못하도록 억누르며, 두려움은 강함을 약함으로 바꾸어버린다.

평온한 마음과 힘은 서로 떼려야 뗄 수 없는 관계임을 명심해야 할 것이다. 침착하고 평온한 마음은 강하고 위대한 마음이다. 허둥대고 동요하는 마음은 약한 마음이다. 조급한 마음이 생기면 스스로도 자신이 지금 올바른 시각을 상실해, 이 세상이 잘못 되어가고 있다는 생각을 하게 된다. 그럴 때에는 이 책 6장을 다 시 한번 읽어보길 바란다. 그리고 세계가 수많은 것들의 부조리 함에도 불구하고 현재로서는 완벽하다는 사실을 다시 떠올려야 한다. ㄱ 어떤 것도 잘못되지 않았으며 잘못될 수도 없다. 스스 로 평정을 찾고, 침착하고, 기운을 내라. 그리고 즐거운 마음으 로 절대자를 믿어라.

다음은 습관에 대한 것이다. 아마도 당신에게 지금 가장 힘든 일은 과거의 사고방식을 뛰어넘어 새로운 습관을 만드는 것이 다. 세계를 지배하는 것은 습관이다. 왕과 폭군, 지배자가 그런 자리를 지킬 수 있는 이유는 사람들이 습관적으로 그렇게 받아 들였기 때문이다. 마찬가지로 세상만사가 지금처럼 존재하는 이 유는 사람들이 지금 모습 그대로 받아들이는 습관을 가지고 있 기 때문이다. 정부나 사회나 경제제도에 대한 습관적인 생각이 바뀌면 그런 제도들도 바뀔 것이다. 모든 것을 지배하는 것은 바 로 습관이다.

당신은 습관적으로 스스로를 능력에 한계가 있는 평범한 사람이고, 어느 정도는 패배자라고 생각하고 있다. 습관적으로 자신에 대해서 생각하는 모습이 바로 당신 자신이다. 그러므로 지금 당장 좀 더 위대하고 좋은 습관을 들이도록 해야 한다. 자기 자신을 무한한 힘을 지닌 존재로 상상하고, 그 존재가 바로 자신의 모습이라고 습관적으로 생각해라.

당신의 운명을 결정짓는 것은 가끔 하는 생각이 아니라 바로 습관적으로 하는 생각이다. 하루에 몇 번씩 잠깐 동안 앉아서 자신이 위대한 사람이라고 생각해 보고는, 그 나머지 시간 동안에는 전혀 그렇게 생각하지 않는다면 아무 소용이 없다. 마찬가지로 자신을 습관적으로 하찮다고 여기는 습관을 버리지 못한다면, 아무리 기도를 많이 한다고 하더라도 전혀 발전할 수가 없다.

차라리 철저한 신념으로 사고방식을 바꾸는 데 활용하라. 정신적이든 육체적이든 어떠한 행동을 자주 반복하다 보면 습관이 된다. 정신적인 훈련을 하는 목적은 특정한 생각을 반복적으로 함으로써 그 생각이 꾸준한 습관처럼 되도록 하는 데 있다. 끊임없이 생각을 되풀이하면 그것은 신념이 된다. 그러니 이제부터 당신은 꾸준히 자신의 새로운 모습을 계속 머리에 떠올리고 생각함으로써, 오로지 그 생각만 떠오르도록 만들어야 한다.

삶에 있어 지금의 당신의 위치는 습관적인 생각이 만들었다. 사람들은 각자 자신에 대한 생각과 시각을 가지고 있으며, 그것을 이용하여 자신에게 어울리는 상황을 만들어내고 정리한다. 곧 자신이 위대하고 능력 있는 사람인가, 아니면 평범하고 쓸모없는 사람인가 하는 것에 맞추어 주위의 상황들을 분류하는 것이다. 자신에 대해 가지고 있는 이미지가 평범하고 쓸모없는 사람에 가깝다면 그것을 바꾸어야 한다. 자신을 발전적인 위대한 존재로 받아들이고 새로운 이미지를 그려라. 자기 자신을 위대한 존재로 생각하지 않고서는 절대로 위대해질 수 없다.

13

위대한 생각을 하라

위대함은 오직 위대한 생각을 꾸준히 할 때만 얻을 수 있다. 내적으로 위대해지기 전까지는 겉으로 위대해질 수 없으며, 또한 생각을 하기 전까지는 내적으로 위대해질 수 없다. 생각이 없다면 아무리 많은 교육을 받고, 아무리 많은 책을 읽고, 공부를 했다 하더라도 위대해질 수 없다. 그러나 생각은 아주 공부를 조금 했더라도 당신을 위대하게 만든다. 그런데 아무런 생각도 없이 오로지 책을 읽는 것만으로 성공하려는 사람들이 너무도 많다. 그런 사람들은 모두 실패하고 만다. 당신이 무엇을 읽었느냐에 따라 정신이 발전하는 것이 아니라, 당신이 읽은 것에 대해서 어떻게 생각하느냐에 따라서 발전하기 때문이다. 생각은 모든 노동 중에서 가장 힘들고 어려운 것이다. 이런 이유로 사람들은 대부분 생각하기를 꺼린다. 하지만 신은 인간이 끊임없이 생각을 하도록 창조했다. 인간은 생각을 하거나, 아니면 생각하지 않기 위해 무엇이든 활동을 하거나 두 가지 중 하나의 상태일 수밖에 없다.

많은 사람들이 시간만 나면 끊임없이 앞다투어 즐거움을 찾아다니는 것은 생각하기에서 벗어나기 위해서이다. 그러나 혼자 있거나 소설을 읽거나 또는 쇼를 보는 것처럼 주의를 빼앗길 것이 없으면 생각을 해야 하기 때문에, 그것을 피하고자 다들 소설이나 쇼나 다른 것들을 찾는다. 사람들은 이렇게 여가시간의 상당 부분을 생각에서 도망쳐 다니는데 보냈다. 그 결과 지금 그들의 모습이 되었다. 우리는 생각을 하지 않고는 한 발자국도 앞으로 나아갈 수 없다.

적게 읽고 그리고 많이 생각하라. 위대한 것들에 대해 읽고, 위대한 문제와 이슈에 대해 생각하라. 요즘 정치인들 중에는 참된 의미에서 위대한 인물이 거의 없다. 링컨이나 웹스터, 클레이, 칼훈, 잭슨 같은 인물이 없다. 왜일까? 지금의 정치인들은 추잡하고 하찮은 이슈만 다루기 때문이다. 윤리적인 정의와는 상관없이, 단순히 돈과 편법, 당리당략, 물질적인 성공의 문제만 주의를 기울이기 때문이다. 이런 문제만 생각한다면 위대한 영혼이 필요하지 않다. 링컨의 시대를 비롯한 그 이전 시대의 정치가들은 영구불변의 진리와 인권, 정의에 관심을 두고 있었다. 보다 위대한 주제에 대해 생각했던 것이다. 그들은 위대한 주제들을 생각했고, 그래서 위대한 사람이 될 수 있었던 것이다.

단순한 지식이나 정보가 아닌 생각만이 인격을 만든다. 생각은 성장이다. 성장을 가져다주지 않는 생각은 없다. 모든 생각은 또 다른 생각을 낳는다. 하나의 아이디어를 적고 나면 다른 아이디어가 뒤따르고, 그러다 보면 한 페이지를 채우게 될 것이다. 자신의 생각이 어디까지 가능한지, 그 한계를 알 수 있는 사람은 없다. 그것은 바닥도, 경계도 없다. 처음에 했던 생각은 다소 유치할 수도 있겠지만, 계속해서 생각해 나가다 보면 익숙해지고 요령이 생기게 되고, 새로운 뇌세포가 활동을 시작하여 새로운 능력을 개발하게 될 것이다. 지속적으로, 생각하는 습관을 들인다면 유전이나 환경, 조건, 이 모든 것들이 당신 앞에 놓일 것이다. 하지만 그와 반대로 스스로 생각하는 것을 게을리하고 오로지 다른 사람의 생각만 이용하려 든다면, 스스로 무슨 일을 할 수 있는가를 결코 알지 못하게 된다. 그리고 결국에는 할 줄 아는 것이 아예 모두 사라지고 말 것이다.

자신만의 생각이 없는 사람은 진정으로 위대한 사람이 될 수 없다.

겉으로 하는 모든 행동은 내면의 생각이 드러난 것이며 그것의 완성이다. 생각이 없다면 어떤 행동도 불가능하고, 위대한 생각이 없다면 위대한 행동도 불가능하다. 행동은 생각의 2차적 형태이며, 생각이 물질화된 것이 인간이다. 환경은 생각의 결과이며, 사물은 당신의 생각에 따라 당신 주변에 모이기도 하고 배열되기도 한다. 에머슨의 말처럼, 우리는 저마다 스스로에 대한 중심 생각이 있고, 그것에 따라 인생에서 만나는 모든 사건들을 배열하고 분류한다. 그러므로 이 중심적인 생각을 바꾸면 자신의 삶과 관련된 모든 사건과 상황들 역시 다르게 배열하고 분류하게 된다. 당신의 지금 모습은 당신이 생각했던 바에 따라 결정된 것이다. 지금의 당신은 지금처럼 생각했기 때문에 지금의 모습으로 만들어진 것이다.

이제 당신은 앞의 장들에서 설명했던 내용들에 대해서 생각해 보는 것이 얼마나 중요한가를 알게 되었을 것이다. 그것들은 결코 겉모습으로만 받아들일 수 없는 것들이다. 그 내용들이 당신의 중심적인 생각이 될 때까지 계속 생각해야만 한다. 다시 관점의 문제로 돌아가 보자.

내가 완벽한 사람들과 함께 완벽한 세상에 살고 있으며, 나 그리고 나 자신의 태도 이외에는 어떤 것도 잘못된 것이 없다는 엄청난 사실을 여러 측면에서 진지하게 생각해 보라. 그리고 그 같은 사실이 나에게 어떤 의미를 갖는지에 대해 속속들이 완벽하게 이해되도록 생각하고 또 생각하기 바란다. 이곳이 조물주가 만든 세계이며, 여러 가능성들 가운데 신중하게 선택된 최고의 세계라는 사실을 생각하라. 신은 궁극적인 완성을 목표로 온갖 유기적이고 사회적이며 경제적으로 발전시켜 이 세계가 지금의 상태로 되도록 이끌어 왔으며, 다시 그 세계는 더 위대하고, 완성과 조화를 위해 지금도 발전을 계속하고 있다.

이 우주 안에서 변화하는 모든 현상들의 원인이자 생명과 힘의 단 하나의 원천, 그리고 그 무엇보다 위대하고 완벽한 지적인 어떤 하나가 존재한다는 것을 받아들여라. 또한 이 모든 것이 진실임을 받아들이게 될 때까지, 어떻게 살아야 하고 이처럼 완벽한 전체의 시민으로서 어떻게 행동해야 하는가에 대해 마음이 정해질 때까지, 이 모든 것들을 생각하고 또 생각하라. 그리고 이러한 위대한 지성이 당신 안에 존재한다는 놀라운 진실에 대해 생각하라. 그것은 위대한 지성이 당신 것이란 얘기다. 당신을 올바른 일, 최고의 일, 가장 위대한 행동, 그리고 최고의 행복으로 이끄는 내면의 빛이다. 그 힘의 원천이 당신 안에 있으며, 당신에게 모든 능력과 재능을 부여하고 있다. 만약에 힘의 원천에 복종하고 빛이 있는 곳을 향해 걸어가기만 하다면 틀림없이 당신은 최고의 세계에 도달할 것이다. 나아가 그것에 전념하며 당신을 바친다는 말의 의미를 생각해 보라. "나는 내 영혼을 따르겠습니다." 이 말이 불러일으킬 파장은 엄청나다. 이것은 평범했던 사람의 태도와 행동에 분명히 혁명을 일으킬 것이다.

이제 최고의 위대한 존재와 당신을 동일시하는 것에 대해 생각해 보자. 당신이 구하기만 하면 그 위대한 존재가 지닌 모든 지식이 당신 것이 될 것이고, 지혜도 당신 것이 될 것이다. 당신이 신처럼 생각하고 있다면, 당신은 신이다. 당신이 스스로 신처럼 생각하고 있다면, 당신은 신처럼 행동하지 않을 수 없을 것이다. 신의 생각은 신적인 삶 안에서만 스스로를 겉으로 드러낼 것이다. 힘이 있는 생각은 힘이 있는 삶이 될 것이다. 위대한 생각은 위대한 사람을 통해 드러날 것이다. 이 모든 것에 대해 진지하게 생각하라. 그러면 당신은 행동으로 옮길 준비가 끝난 것이다.

14

오직 생각을 통해서만
성취할 수 있다

내 안에 들어 있는 생각이 위대하지 않으면 결코 당신은 위대한 사람이 될 수 없다. 그리고 위대해지려면 당신이 위대한 생각을 해야 한다는 사실이다. 내부의 세계에서 위대한 일을 생각하지 않으면 외부의 세계에서 위대한 일을 할 수 없다. 그리고 진리와 사실에 대해 생각하지 않으면 위대한 일을 생각할 수 없다. 위대한 일을 생각하려면 틀림없이 진실해져야 한다. 그리고 진실해지려면 자신의 목적이 옳다는 사실을 스스로 알고 있어야만

한다. 진실하지 않거나 거짓된 생각은 그것이 아무리 논리적이고 훌륭한 것이라 할지라도 위대한 것일 수 없다.

그러기 위해서 첫 번째로 중요한 단계는 인간관계에 있어 진실을 추구하는 것이고, 또한 당신이 다른 사람에게 어떤 존재이고 다른 사람은 당신에게 어떤 존재인가를 알아야 한다. 이런 생각을 가지고 있으면 당신은 자연스레 진실된 시각이 무엇인지를 찾게 될 것이다. 또한 유기체와 사회의 발전에 대해서도 공부해야 한다. 다윈과 월터 밀스의 책을 읽어라. 그리고 읽으면서 생각하라. 읽은 것 전체를 생각하고 또 생각하며, 만물과 인간의 세계를 올바른 시각으로 보게 될 때까지 생각하라. 신이 무엇을 하고 있는가를 볼 수 있게 될 때까지 신이 하는 일에 대해 생각하라.

다음 단계는 당신 자신에 대해 생각해 보고 올바른 자세를 갖는 것이다. 당신의 관점이 무엇이 올바른 태도인지를 당신에게 말해줄 것이다. 그때 당신은 영혼의 목소리에 복종하면 된다. 당신 안에 있는 최고의 존재에게 완전히 자신을 바치고 나면 진실한 생각에 이르게 된다.

당신이 이기적인 목적을 품고 있고, 계속 의도나 행위 면에서 어떤 식으로든 정직하지 않고 부정적인 부분이 있다면, 당신의 생각은 잘못될 것이고 아무런 힘도 가지지 못할 것이다.

그러므로 일을 해내가는 방식에 대해서 스스로 생각을 하라. 어떤 의도와 목적과 행동을 가져야 할지 옳다는 판단이 들 때까지 계속해서 그것들을 생각하라. 신과 완전히 일치되는 수준에 도달하려면 깊이 생각을 하지 않으면 불가능하다. 이 말을 피상적인 수준에서 받아들이기란 쉽지만 제대로, 생생하게 받아들이고 확실히 깨닫는 것은 쉽지 않다.

신을 만나기 위해 자신의 외부로 나간다는 생각은 쉽지만, 신을 만나기 위해 자신의 내부로 들어간다는 생각은 그리 쉽지 않다. 하지만 명심하라. 신은 바로 거기에 존재한다. 내 영혼의 가장 성스러운 곳에서 비로소 신과 얼굴을 마주할 수 있는 것이다.

이는 대단히 중요한 사실이다. 이것은 당신이 필요로 하는 것이 이미 당신 안에 있으므로, 하고 싶은 일을 하거나 되고 싶은 사람이 되기 위해 필요한 힘을 어디서 어떻게 얻을 것인지 고민할 필요가 없으니 말이다. 당신은 그저 이미 가지고 있는 힘을 어떻게 사용할 것인지에 대해서만 고민하면 된다. 그리고 당신이 할 일은 지금 시작하는 것뿐이다. 당신의 능력이 허용하는 한 진실함을 찾으라. 오늘은 그것의 일부가 보일 것이다. 최선을 다해 그것에 맞추어 살라. 내일이면 더 많은 진실을 보게 될 것이다.

자신 안에 있는 오래된 잘못된 생각들을 털어버리려면 인간의 가치, 곧 인간 영혼의 위대함과 중요성에 대해 많이 생각해야만 한다. 인간이 저지른 실수로부터는 눈을 돌리고 그들이 이룩한 성공을 보아야 한다. 단점을 보지 말고 장점을 보라. 인간을 더 이상 지옥에 떨어지고 있는 타락하고 쓸모없는 존재로 보아서는 안 된다. 대신 천국을 향해 가는 빛나는 영혼을 가진 존재로 생각해야 한다.

이런 생각을 하려면 의지력이 필요하다. 하지만 의지력을 무엇에 대해서 어떻게 생각할 것인가를 결정하는 데 사용하라. 그러면 의지가 생각의 방향을 잡아줄 것이다. 오직 인간이 지닌 좋은 면에 대해서만 생각하라. 인간의 매력적이고 사랑스러운 부분에 대해서만 생각하고, 그 외의 것들은 생각하지 않도록 당신의 의지력을 발휘하라.

이것과 관련하여 내가 알고 있는 사람 중에는 유진 뎁스가 가장 뛰어날 것이다. 그는 사회당 후보로 여러 차례 대통령 선거에 출마했는데 뎁스와 대면한 이들은 누구 하나 예외 없이 그의 인간성에 경의를 표했다. 뎁스를 만난 사람들은 백만장자든, 지저분한 노동자든, 땀에 찌든 여인이든 할 것 없이 히나같이 그에게서 뿜어 나오는 진지함과 친절함에 관심을 표했다. 길거리에서 구걸을 하는 아이들이 말을 걸어와도 뎁스는 얼른 따뜻하게 받아주었다. 뎁스는 사람들을 사랑했다. 이 때문에 그는 위대한 운동을 하는 지도자가 될 수 있었고, 수백만 명의 마음을 사로잡은 영웅이 될 수 있었으며, 불멸의 명성도 얻을 수 있었다. 사람들을 사랑하는 것은 위대한 일이다. 그리고 그것은 오직 생각을 통해서만 성취할 수 있다. 생각이 없이는 그 무엇도 당신을 위대하게 만들 수 없다.

생각하라! 생각하라! 생각하라!

"모든 인간에게 있어서 열쇠처럼 중요한 것은 바로 생각이다. 완강하고 도전적인 사고를 하는 사람이라도 자신이 그 생각에 복종하고, 모든 것들을 자신의 생각에 따라 분류하는 열쇠를 가지고 있다. 이런 사람은 자신의 생각을 바꾸어줄 새로운 사고에 의해서만 개심되어진다."

- 에머슨

"진정으로 현명한 생각들을 수천 번 머리에 떠올렸다 하더라도 정말로 우리 자신을 변화시키려 한다면 그 생각이 개인적인 표현(다시 말해서 말)에 뿌리를 내릴 때까지 진지하게 반복해서 생각해야 한다."

- 괴테

"겉으로 보이는 인간의 모습이 내면적 생각의 표현과 완성까지 드러나는 것은 아니다. 효율적으로 그런 것을 드러내기 위해선 현명하게 생각해야 한다. 고귀하게 행동하기 위해선 고귀하게 생각해야 한다."

- 채닝

"위대한 사람은 정신이 물리적인 힘보다 강하다는 것을, 생각이 세상을 지배한다는 것을 아는 사람이다."

– 에머슨

"사람들은 자신의 삶을 고찰하다가, 죽을 때가 되면 생긱 외
의 모든 것을 터득하게 된다."

– 도메르그

"습관적인 생각은 우리의 삶으로 들어오면서 굳어진다. 그리
고 가장 가까운 인간적 관계보다 훨씬 더 영향을 미친다. 아
무리 친한 친구들이라 할지라도 우리의 생각만큼 우리의 삶
에 영향을 미치는 것은 아니다."

– J. W. 틸.

15

진화의 목적

당신 주위에 온통 가난과 무지, 고통, 그리고 다양한 온갖 비참함이 사람들 머릿수만큼이나 가득 찼다면, 이타적인 행위에 빠지는 자신의 마음을 어떻게 억누르겠는가? 사방에서 많은 사람들이 도움을 청하고, 당신은 베풀지 않고서는 견디기 힘든 자신을 발견할지 모른다. 그리고 약한 사람들이 겪어야 하는 사회적인 차별과 불의를 목격하는 순간, 따뜻한 영혼을 가진 자들은 당장이라도 이 모든 걸 바로잡고 싶은 욕구를 느낄 것이다. 우리는 십자군 전쟁이라도 벌이고 싶고, 자신을 완전히 투신하지 않으면 이런 잘못된 일들은 결코 바로잡아지지 않을 것 같은 급박한 생각이 들 것이다. 이럴 때 우리가 되돌아보아야 할 것은 관점의 문제이다. 우리가 기억해야 할 것은 이 세상은 나쁜 곳이 아니라 계속 발전하는 과정에 있는 훌륭한 곳이라는 시각을 갖는 것이다.

이 지구상에 생명체가 선혀 존재하지 않았던 시절이 있었다. 지구가 한때 이글거리는 가스, 용해된 암석 그리고 끓어오르는 수증기로 뒤덮여 있었다는 지질학적 증거를 반박하는 사람은 없다. 그리고 우리는 그런 조건 속에서 생명체가 어떻게 잉태되었는지도 알고 있다. 그것은 전혀 불가능해 보이는 일이었다. 지질학이 밝혀낸 바에 의하면, 시간이 지나면서 딱딱한 표면이 생겼고, 지구가 식으면서 단단해졌으며, 수증기는 응고되어 안개나 비가 되어 내렸다. 차갑게 식은 표면이 부서지면서 흙이 되었고, 습기가 생기면서 바다가 만들어졌다. 그리고 마침내 바다 또는 땅에서 살아 있는 생명체가 나타났다.

최초로 나타난 생명체를 단세포 생물로 보는 가설은 제법 설득력이 있다. 하지만 그 단세포 생물의 이면에는 자신을 드러내길 간절히 고대했던 위대한 하나의 생명이 있었다. 그러다가 작은 세포 하나 속에서 발견되기에는 너무 큰 생명력을 지니게 된 생물체들이 세포의 수를 하나에서 둘로, 다시 여러 개로 늘렸고, 이어 더 큰 생명력이 그 생명체들을 가득 채웠다. 이런 식으로 다세포 생명체, 곧 식물과 나무, 척추동물, 포유류 등이 등장했다. 이들은 대부분 이상한 모습을 하고 있었지만 조물주가 창조한 모든 것이 그렇듯 각각 그 종별로 볼 때는 모두가 완벽했다. 물론 그 형태가 조악하다못해 괴물같이 보이는 식물이나 동물도 있었겠지만 그런 생물들조차 각자 자신의 시대에 주어진 제 몫을 해냈고, 모두가 만족스러웠다. 그리고 드디어 진화라는 위대한 과정이 시작되었다. 태초부터 목적한 바였던 인류가 지상에 출현했던 것이다.

원숭이와 닮았던 이 존재는 주위 다른 동물과 겉모습으로는 큰 차이는 없어 보였지만 성장과 사유하는 능력은 탁월했다. 예술과 미, 건축과 노래, 시와 음악, 이 모든 것이 이 영장류의 영혼 속에 표현되지 않은 가능성으로 숨어 있었던 것이다. 그리고 그의 시대에 이 존재는 자신의 종에 관한한 매우 훌륭했다. 최초의 인간이 출현한 날부터 신은 인간 '안에서' 활동하기 시작했다. 그리고 인류가 세대를 거듭해감에 따라 점점 더 많이 인간의 내면에 존재하기 시작했고, 인간이 더 큰 것을 이룰 수 있도록, 더 나은 환경을 이룩하도록 이끌어주었다. 고대 역사를 연구하는 사람이라면 인류가 얼마나 끔찍한 조건에 있었으며, 야만성과 우상숭배, 고난과 시련이 얼마나 빈번했던가를 보았을 것이다. 이런 관점에서 신의 존재를 생각해 본다면 신이 인간에게 잔인하고 불공평한 존재로 느껴지기 쉽다.

영장류에서 현재에 이르기까지 인류는 끊임없이 발전해 왔다. 이러한 발전은 오직 인간의 두뇌 안에 숨어 있는 잠재된 다양한 힘과 능력을 성공적으로 펼침으로써 가능했다. 물론 인간이 초기에 내면에 지녔던 잔인하고 동물적인 면들 역시 먼저 발달되어 나왔다. 아주 오랫동안 인간은 동물과 다를 바 없었다. 통치 체계, 종교, 가정 제도도 원시적이었으며, 인간은 그 원시성 때문에 어마어마한 고통을 치러야 했다. 하지만 신은 결코 고통을 즐기는 존재가 아니다. 모든 시대에 걸쳐서 신은 인간에게 메시지를 남겼고, 어떻게 해야 고통을 피할 수 있는지를 알려주었다. 그리고 그 끈질기고, 강력하며, 강제적인 삶의 충동은 인류가 쉬지 않고 앞으로 나아가도록 밀어댔다. 그 결과 세월이 흐르면서 인류의 야수적인 면은 조금씩 줄어갔고, 반대로 정신적인 면은 조금씩 늘어갔다. 그리고 이 모든 과정에서 신은 인간 안에서 존재했다.

어느 시대에나 일반 대중보다 앞섰던, 신의 이야기를 동료 인간들보다 더 잘 듣고 이해했던 사람들이 있었다. 예언자와 선지자가 그들이었고, 때로는 사제나 왕이 그랬고, 때로는 시련과 위기에 던져진 순교자들이 그랬다. 신의 음성을 듣고 그 말을 전하며 삶 속에서 신의 진리를 보여주었던 이들에게 모든 진보와 발전을 더할 나위 없이 옳고 합당한 것이었다.

우리가 사는 세상에서 악이라고 부를만한 것이 존재한다는 사실을 알 수 있다. 그런데 우리 눈에 악으로 보였던 것은 실제로 아직 미발달된 것에 지나지 않음을 알게 된다. 그리고 그 미발달된 것이라도 그 나름대로는 훌륭하다. 존재하는 모든 것은 인류가 발전이 완성된 단계에 들어서는 데 있어 없어서는 안 될 것들이므로, 인간 삶에 있어서 모든 것들은 신의 작품이다.

사창가나 피치 못할 사정으로 그곳에 있게 된 불행한 이들에게도 신은 뜻한 바가 있다. 모든 것을 펼쳐내려면 무엇이든, 누구든 각자의 역할이 있다. 그리고 이들이 그 역할을 다하고 나면 신은 과거 지구의 늪지를 가득 매운 기괴하고 위험한 괴물들에게 그랬듯, 그것들을 없애버릴 것이다.

　진화와 관련된 지금까지의 시각을 정리하면서, 마지막으로 우리는 이런 질문을 할 수 있을 것이다. 왜 이런 일들이 벌어진 것일까? 도대체 무엇을 위한 것인가? 의문이 들 것이다. 생각이 깊은 사람이라면 어렵지 않게 대답할 수 있을 것이다. 신은 자신을 드러내고 형상을 취하여 살고자 했다. 가장 윤리적이고 영적인 수준에서 스스로를 발현시킬 수 있는 형상을 입고서 살고자 했다. 신은 신으로서 살 수 있고, 신으로서 자신을 표현할 수 있는 형상으로 발전해야 했다. 이것이 진화의 목적이다. 전쟁이 발발하면 사람들은 고통에 허덕이고 온갖 불공평한 일과 잔인한 일이 벌어진다. 그러나 시간이 흐르면 이 모든 것이 사랑과 정의에 의해 줄어들기 시작한다. 또 이런 전쟁을 통해 인간의 두뇌는 신의 사랑과 정의를 완벽하게 표현할 수 있는 지점까지 발전한다. 그러나 아직 끝은 오지 않았다. 신은 밖으로 보여주기 위한 몇몇의 선택된 사람만 완성시키려 한 것이 아니라, 모든 생명체의 영광을 마음에 두었다. 신의 왕국이 지상에 임하는 순간, 때가 올 것이다. 그날에는 어떤 울음이나 고통도 사라질 것이며, 과거의 것들은 모두 사라지고, 어두운 밤은 더 이상 찾아오지 않을 것이다.

16
자신을 최고의 위대한 인간으로 만들라

자신을 무언가 위대한 것으로 만들기 위해 이 책에서 말한 내용들을 실천하기 시작했다면, 당신은 지금까지 맺어왔던 많은 인간관계들을 어쩔 수 없이 재조정해야 할 필요를 느낄지 모른다. 멀리해야 할 친구가 생길지 모르고, 당신으로부터 무시를 당했다고 느끼는 사람도 생길 것이고, 오해하는 친척이 생길지도 모른다. 진정으로 위대한 사람들 중에도 그와 관계를 맺었던 사람들 사이에서 이기적이라는 평가를 받기도 했다. 위대한 사람의 주변에 있는 사람들은 실제 그가 그들에게 해줄 수 있는 것 이상의 혜택이나 이익을 기대하곤 한다. 그러므로 근본적인 문제는 이것이다. 다른 어떤 것들과 모두 상관없이 나 자신을 최대한 발전시키는 것만이 나의 의무인가? 아니면 주변과 아무 마찰도 빚지 않고 주변에 어떤 손해도 보지 않게 하면서 내 발전을 추구할 수 있을 때까지 기다려야만 하는 걸까? 이것은 바로 자신과 다른 사람에 대한 의무 중 어느 것이 먼저인가의 문제이다.

이 세상에 대한 인간으로서의 의무에 관해서는 앞에서도 충분히 이야기한 바 있으므로, 여기서는 신에 대한 의무에 대해 말해보겠다. 많은 사람들이 신에 대해 어떤 태도를 취해야 할까에 대해 불안해하는 정도까지는 아니더라도 최소한 확신을 갖지 못하고 있다. 예컨대 미국에서 교회 등을 중심으로 신앙생활을 해 나가기 위해 할애해야 하는 일이나 활동의 양은 엄청나다. 실로 엄청난 에너지가 소위 신에게 봉사하는 일에 쓰이고 있다. 나는 이 자리에서 신을 섬긴다는 것, 그리고 그 일을 어떻게 하는 것이 최선의 길인가에 대해 잠시 짚어보고 싶다.

아마도 그것을 통해 신앙생활에 대한 기존의 관념들에 잘못된 부분이 많다는 것을 깨달을 수 있지 않을까 하는 생각에서이다.

이스라엘 백성을 노예의 삶에서 구해내기 위해 이집트 땅으로 들어갔던 모세는 "내 백성을 보내라, 그들이 나를 섬긴 것이니라."라는 하나님의 말씀을 바로 왕에게 전했다. 그리고 광야로 나온 이스라엘 백성들은 그곳에서 새로운 방식으로 예배를 드리기 시작했고, 많은 사람들은 하나님에게 봉사하려면 예배를 드려야 한다고 생각했다. 그러나 나중에 하나님은 의식이나 제물 등은 어떤 형태로든 반기지 않는다고 말했다. 또한 예수의 가르침을 올바로만 이해했다면 교회를 통한 조직화된 예배는 완전히 사라졌을 것이다. 인간의 손이나 몸, 목소리로 할 수 있는 것 가운데 하나님에게 부족한 것은 없다. 이미 바울은 인간이 하나님을 위해 할 수 있는 것은 없다고 지적한 바 있다. 하나님은 아무것도 필요하지 않는 것이다.

앞에서 소개한 진화에 대한 관점에서 본다면 신은 인간을 통해 표현되기를 원하고 있다. 지금까지 이어져온 시간 동안 신은 인간을 더 높은 곳으로 오르도록 이끌어 왔고, 계속해서 표현할 방법을 찾아왔다. 인간은 세대를 거듭할 때마다 좀 더 신을 닮아가고 있다. 모든 세대는 언제나 이 전 세대보다 더 나은 집, 더 좋은 환경, 더 쾌적한 노동, 더 많은 휴식과 여행 그리고 공부할 기회를 얻기를 갈망했다.

　근시안적인 몇몇 경제학자들이 이백 년 전의 노동자들이 창문도 없는 오두막에서 돼지들과 함께 짚더미를 덮고 자던 것에 비한다면 현재의 노동환경은 괄목할 만큼 성장했으므로 노동자들은 아주 만족스러워해야 한다고 주장하는 것을 본 일이 있다. 물론 그 이백 년 전의 노동자가 자신이 알고 있는 모든 형태의 삶을 사는 데 필요하다고 여겼던 모든 것들을 갖고 있었다면 완전히 만족했을 것이고, 부족함을 느꼈다면 불만족했을 것이다.

　현대인은 과거에 비해 편리한 주택을 비롯하여 불과 얼마 전만 해도 전혀 알지 못했던 많은 것들을 가지고 있다. 그리고 당연히 그들이 원하는 모든 것을 가지고 있다면, 그들은 만족할 것이라 당신은 생각할지 모른다. 하지만 그들은 만족하지 않는다. 신은 아무리 평범한 사람이라도 항상 지금의 조건보다는 더 나은, 더 바람직한 삶을 꿈꿀 수 있는 수준까지 인류를 발전시켰기 때문이다. 그리고 이것이 사실이라면, 보다 나은 삶을 생각하고 그려볼 이 능력을 가지고 있는 한, 인간은 항상 현재 자신의 삶에 대해 불만족스러울 것이다. 이것은 지극히 당연한 일이다. 이 불만족 때문에 신은 우리로 하여금 좀 더 나은 환경을 향해 나아가도록 이끌어갈 수가 있다. 신은 그저 인간을 통해서 자신을 좀 더 많이 표현하길 원한다.

그러므로 당신이 신에게 봉사할 수 있는 유일한 방법은 신이 당신을 통해 세상에 주고자 했던 것이 밖으로 드러나 보이도록 만드는 것이다. 그리고 신이 당신 안에서, 당신이 가진 가능성들의 최대치 안에서 살 수 있도록 최고의 나를 만드는 것이다. 이에 대해 1부에서 나는 피아노 앞에 앉아있는 한 소년에 대해 이야기했다. 소년의 영혼 속에 잠재해 있던 음악은 소년의 미숙한 손을 통해 표현되기에는 너무 위대했다. 이것은 우리의 손과 발, 정신, 두뇌, 신체 등이 신이 쓰기 적당한 수준까지 훈련되는 순간 우리와 함께 위대한 일을 하기 위해 신이 어떻게 항상 우리 위에, 우리 안에, 우리 주위에, 그리고 우리 가까이에 존재하는가를 보여주는 훌륭한 사례이다. 요컨대 신과 나 자신, 그리고 세상에 대한 나 자신의 첫 번째 의무는 어떤 방식으로든 가능한 당신을 최고의 위대한 인간으로 만드는 것이다. 그리고 그것이야말로 의무의 문제에 대한 마지막 결론이 아닐까.

　앞장에서 나는 기회에 대해 이야기했다. 그리고 1부에서도 이미 모든 사람은 부자가 될 힘을 가지고 있다고 했고, 일반적으로 볼 때 누구든 위대하게 될 힘을 자신 안에 지니고 있다고 주장했다. 하지만 이같은 광범위한 일반화는 약간의 조건이 붙어야 정확할듯싶다. 예컨대 유물론적인 생각을 갖고 있는 사람들은 이 책에 쓰여있는 내용을 전혀 이해할 수 없을 것이다. 그리고 지금껏 자신이 일하고 살아왔던 방식에 비추어 볼 때 이 책에서 말한 내용이 전혀 납득되지 않는 사람들도 많을 것이며, 그런 사람들은 이 책의 메시지를 받아들이기 힘들 것이다.

　그런 사람들에게는 실제의 예를 보여주는 것만이 이들의 마음을 움직일 수 있는 유일한 방법일지 모른다. 이 세상은 가르치기보다 실제의 예가 필요하다. 이런 많은 사람들을 위해 당신이 해야 할 일은, 그들이 직접 당신을 보고 당신을 닮고 싶다는 바람이 들 만큼 당신 스스로 위대해지는 것이다. 당신이 위대해지는 것이 그들에 대한 당신의 의무이다. 그래야만 다음 세대는 좀 더 나은 생각의 환경을 가질 수 있게 된다.

스스로를 위대한 사람으로 만들고 싶고, 세상에 나가려고 하지만 현실적인 제약에 묶여 그러지 못하는 이들이 자주 보냈던 편지에서 발견한 내용이다. 그들은 가족들이 처한 곤란을 그냥 내버려 두지 못해 걱정되는 사람들은 어떻게든 가족을 부양해야 했다. 그러나 나는 이런 사람들에게 두려움 없이 세상에 나가 최고의 자신을 만들라고 충고한다.

그것으로 인해 가족들이 고통을 당하겠지만, 그것은 다만 일시적으로 그렇게 보일 뿐이다. 영혼이 인도하는 대로 따른다면 지금보다 훨씬 더 훌륭하게 가족들을 잘 돌볼 수 있을 것이다.

17

정신을 훈련하라

먼저, 정신을 훈련하는 목적을 오해해서는 안 된다. 이것은 말 그대로 훈련이며 특정한 것을 꾸준히 생각하는 것이다. 괴테가 말했듯이 어떤 구절을 계속 반복해서 들으면 어느덧 그것을 확신하게 된다는 것이다. 마찬가지로 계속 반복해서 꾸준히 생각하면 그 생각이 우리의 습관이 되고 현재의 자신을 만들게 된다. 정신을 훈련하는 목적은 특정한 생각을 계속 반복해서 함으로써 그것이 습관이 되게 해서 자신의 일부처럼 만드는 것이다. 이러한 목적의 의미를 충분히 이해한 상태에서 올바른 방법으로 행하는 정신의 훈련은 대단한 효과를 발휘할 것이다.

하지만 대부분의 사람들이 하는 방법대로 한다면 아무 소용이 없다.

지금부터 무엇이든 당신이 생각하고 싶은 것을 생각하는 훈련을 해보자. 이 훈련은 하루에 한두 번으로 족하지만, 생각은 끊임없이 해야 한다. 그러니까 하루에 정해진 시간에만 두 번 그 생각을 하고 다음 훈련 때까지는 잊고 지내는 것이 아니다. 이 훈련은 계속해서 생각해야 할 내용을 자신에게 각인시키는 것이다.

훈련은 우선 20분에서 30분 정도 방해받지 않고 집중할 수 있는 시간을 마련하고 몸이 편안한지를 확인한다. 의자나 소파, 또는 침대에 비스듬히 편안한 자세로 눕도록 한다. 등을 대고 눕는 것이 가장 좋다.

만약 따로 시간을 낼 수가 없다면 밤에 잠자기 전이나 아침에 깼을 때에 훈련을 하도록 한다.

먼저 천천히 머리끝에서 발끝까지 주의를 이동시킨다. 그리고 신체의 모든 근육에서 힘을 빼고 편안히 이완시키는 것이다. 그런 다음에 걱정거리나 병 등에 대한 생각을 일절 머리에서 지운다. 그리고 천천히 척추 신경에서 신경 말단까지 주의를 집중하면서 이렇게 생각한다.

"내 몸 곳곳에 뻗어있는 모든 신경은 완벽하게 작동하고 있다. 나는 내 의지대로 신경을 조정할 수 있고, 나의 위대한 신경의 힘은 실로 엄청나다."

다음 폐에 주의를 집중하면서 이렇게 생각한다.

"나는 지금 깊고 고요하게 숨을 쉬고 있다. 내 폐의 세포 하나하나 속으로 공기가 가득하다. 내 폐는 건강한 상태에 있다. 피가 정화되고 깨끗해진다."

다음은 심장으로 생각을 옮긴다.

"내 심장은 쉬지 않고 강하게 뛰고 있다. 내 몸 구석구석까지 피가 잘 순환하고 있다."

다음은 소화기로 옮겨 집중한다.

"나의 위와 소장과 대장이 활발하게 움직이고 있다. 음식물을 잘 소화되고 흡수되어 그 결과 내 몸이 회복되고 영양분이 섭취됐다. 간과 콩팥과 방광도 아픈 데나 긴장한 데 없이 훌륭하게 작동하고 있다. 나는 아무 문제 없이 건강하다. 내 몸은 편히 쉬고 있고, 내 영혼은 편안하며, 마음도 평온하다."

그러면서 생각을 확장한다.

"나는 경제적인 문제를 비롯한 어떤 문제도 걱정하지 않는다. 내 안에 있는 신은 내가 원하는 모든 것을 내게로 이끌어온다. 내가 원하는 모든 것은 이미 내게 주어져 있다. 나는 이미 건강하기 때문에 건강에 대해서도 걱정하지 않는다. 나는 어떤 걱정이나 두려움도 없다."

"나는 비도덕적인 모든 유혹들을 떨쳐냈다. 탐욕과 이기적인 마음과 편협한 야망 같은 것을 모두 버렸다. 나는 살아있는 것들을 향해 질투나 악의나 증오도 갖지 않는다. 나의 최고의 이상에 부합되지 않는 행동은 결코 하지 않을 것이다. 나는 올바르며, 또한 올바른 일을 할 것이다."

① 관점

이 세상은 모두 올바르다. 그리고 완벽하며 완성을 향해 나아간다.

나는 오로지 이런 최상의 관점을 통해서만 사회와 정치, 경제의 모든 측면들을 생각할 것이다. 모든 것을 아주 훌륭하게 바라보라. 나는 전 인류 그리고 내가 아는 모든 사람들, 친구, 이웃, 그리고 가족까지 이와 똑같은 관점에서 볼 것이다. 그들은 모두 훌륭하다. 우주에서 아무것도 잘못된 것은 없으며, 나의 개인적 태도 외에는 아무것도 잘못된 것이 없다. 그리고 지금부터 나는 그것을 올바르게 유지할 것이다. 내가 신뢰하는 것은 오직 절대자뿐이다.

나는 내 안에 있는 올바르고 순수한 이상을 찾을 것이며, 그것을 찾고 나면 외적인 삶 속에서 표현할 것이다. 내가 생각하는 최고의 것을 위해 올바른 것에서 벗어난 모든 것을 버릴 것이다. 나와 관계된 모든 것에 대해 최고의 생각만을 할 것이며, 나의 태도와 행동 속에서 그 생각을 표현할 것이다. 나의 몸은 마음을 따르도록 할 것이며, 마음은 영혼을 따르도록 할 것이며, 그리고 영혼은 신의 안내를 따를 것이다.

② 이상화

당신은 자신이 앞으로 되고 싶은 모습을 마음속에 그려라. 상상력을 발휘해 당신의 모습을 최대한 위대하게 그려라. 그리고 잠시 이 모습에 생각을 머무르며, "이것이 진정한 나의 모습이다. 이것이 진정한 내 영혼의 모습이다. 이제 이 모습이 밖으로 드러나게 될 것이다."

나는 오로지 이런 최상의 관점을 통해서만 사회와 정치, 경세의 모든 측면들을 생각할 것이다. 모든 것을 아주 훌륭하게 바라보라. 나는 전 인류 그리고 내가 아는 모든 사람들, 친구, 이웃, 그리고 가족까지 이와 똑같은 관점에서 볼 것이다. 그들은 모두 훌륭하다. 우주에서 아무것도 잘못된 것은 없으며, 나의 개인적 태도 외에는 아무것도 잘못된 것이 없다. 그리고 지금부터 나는 그것을 올바로 유지할 것이다. 내가 신뢰하는 것은 오직 절대자뿐이다.

③ 현실화

나는 되고 싶은 사람이 되고, 하고 싶은 일을 할 수 있는 적절한 힘을 나에게 주었다. 나는 창조적인 에너지를 발휘한다. 존재하는 모든 힘은 나의 것이다. 나는 그 힘과 함께 완벽한 확신을 가지고 일어나 앞으로 나아갈 것이다. 내 안에 있는 절대자의 힘으로 나는 막강한 일들을 해낼 것이다. 신이 나와 함께 하기 때문에, 나는 두려워하지 않으며, 믿는다.

18

요약

모든 인간은 하나의 지적인 물질에서 만들어졌으며, 그렇기 때문에 본질적인 힘과 능력도 모두 똑같다. 모든 사람은 위대한 존재가 될 수 있는 능력이 동등하게 내재되어 있기에 누구든 그것을 밖으로 표출시켜 위대해질 수 있는 것이다. 신을 구성하고 있는 요소들은 우리 모두를 구성하고 있는 요소이기도 하다.

인간은 타고난 영혼의 창조적인 힘을 발휘함으로써 주위 환경과 유전적인 것을 극복할 수 있다. 위대해지고 싶다면, 먼저 영혼이 정신과 육체를 지배해야 한다. 또한 인간이 알 수 있는 것은 한계가 있으므로 실수하기 쉽다. 이런 것을 피하려면 자신의 영혼과 우주의 영혼이 서로 맞닿도록 해야 한다. 우주의 영혼은 그것으로부터 만물이 생겨난 지적인 물질이다. 그것은 모든 사물 안에 존재하며, 그리고 모든 사물을 통과하며 존재한다. 또한 모든 것을 알고 있기 때문에 인간은 그와 하나가 되면 세상의 모든 지식을 얻을 수 있다.

그렇게 되기 위해서 인간은 신에게서 자신을 분리하는 행위나 대상을 없애야 한다. 우리는 신을 따르는 삶을 살아야 하며, 일체의 비도덕적인 유혹을 떨쳐내야 한다. 자신이 품은 최고의 이상과 부합되지 않는 행동이라면 모두 삼가야 한다.

또한 올바른 관점을 가지고, 신은 모든 존재와 함께 하며, 그러므로 어떤 것도 잘못된 것이 있을 수 없다는 사실을 깊이 새겨야 한다. 자연과 사회와 정부와 경제는 지금의 단계에서 나름대로 완벽하고, 나아가 완성을 향해 계속 전진하고 있으며, 모든 인간은 선하고 완벽하다. 이 세상은 올바르며, 언젠가 신과 하나가 되어 완벽한 작품으로 완성될 수 있다. 인간이 올바른 위대함을 깨닫게 되는 때는 모든 것 안에 발전적인 존재가 있으며, 모든 것을 선으로 보게 되는 순간이다.

인간은 자신 안에 있는 지고의 존재에게 헌신하기 위해 영혼의 목소리에 복종해야 한다. 모든 인간의 안에는 가장 높은 곳을 향해 나아가도록 끊임없이 이끌어주는 '내적인 빛'이 있다. 위대해지고 싶다면 반드시 이 빛을 따라야 할 필요가 있다. 또한 신과 자신이 하나라는 사실을 깊이 인정해야 한다. 그리고 내 자신은 물론 다른 모든 사람들도 이처럼 신과 하나라는 사실을 의식적으로 인정해야 한다. 우리 자신이 신들과 함께 하는 하나의 신이라는 사실을 알고 그에 어울리는 행동을 해야 한다. 자신이 올바르다고 생각한 것에 대해 반드시 믿어야 하며, 집에서부터 먼저 이 믿음에 맞추어 행동해야 한다.

사소한 일들에서라도 참되고 올바른 것을 판단할 수 있게 되었다면, 반드시 그것을 따라야만 한다. 생각 없이 행동하는 것을 멈추고, 생각을 하기 시작하라. 그리고 그 생각을 성실히 따르도록 하라. 자신을 최고의 모습으로 마음속에 그려 보고, 그것이 습관처럼 될 때까지 그 이미지를 계속 머릿속에 그려야 한다. 어떤 일을 하더라도 위대한 방식으로 하라. 가족이나 이웃, 아는 사람, 친구 등을 대할 때도 모든 행동 하나하나가 자신이 가진 이상의 표현이 되도록 해야 한다.

올바른 관점을 가지고 해야 할 일에 몰입하며, 자신을 위대한 사람으로 이상화할 수 있을 뿐 아니라, 아무리 사소한 일이라고 할지라도 그 안에서 이상을 표현할 수 있다면, 그는 이미 위대한 사람이다. 그가 하는 일은 무엇이든 위대하게 될 것이다. 스스로 이름이 알려지고, 힘을 가진 사람으로 인정받는다. 영감을 통해 새로운 지식을 얻게 되며, 알아야 할 필요가 있는 모든 것을 알게 된다. 마음속에서 형상화한 모든 물질적 부를 얻고, 무엇이든 부족함이 없다. 그는 어떤 복잡한 일이 벌어지든 처리할 수 있는 능력을 갖게 되고, 지속적으로 그리고 빠르게 성장하고 발전할 것이다. 위대한 일들이 그를 먼저 발견하고 찾을 것이며, 모든 사람들은 기쁜 마음으로 기꺼이 그에게 경의를 표할 것이다.